JN423335

청소년 공동체 바로 세우기

Teen G3 성경 • 구약2 [통일왕국~포로 • 귀환시대]

구약과 씨름하기2 start(교사용)

초판 1쇄 발행 | 2017. 4. 15
초판 1쇄 인쇄 | 2017. 4. 15
지은이 | 정신일
연구위원 | 천준호 목사(수원화평교회)
송지헌 목사(함께하는교회)
석인욱 목사(남양주우리교회)
펴낸 이 | 정신일
펴낸 곳 | 크리스천리더
편 집 | 성주희
교 정 | 이지선
일부 총판 | 생명의 말씀사 (02) 3159-7979
등 록 | 제 2-2727호(1999. 9.30)
주 소 | 부천시 원미구 중동 1289번지 팰리스카운티 아이파크상가 3층
전 화 | (032) 342-1979
팩 스 | (032) 343-3567
도서 출간 상담 | E-mail:chmbit@hanmail.net
Homepage | cjesus.co.kr

ISBN : 978-89-6594-213-9 04230
ISBN : 978-89-6594-122-4 (세트)

정가 : 4,500원

저자와의 협약 아래 인지는 생략되었습니다.
이 출판물은 저작권법에 의해 보호받는 창작물이므로, 무단 복제와 무단전재를 할 수 없습니다.

■ 잘못된 책은 구입하신 곳에서 바꿔드립니다.

Teen G3 성경 • 구약2 [통일왕국~포로 • 귀환시대]

The Great God's Grace

교사용 교재

정신일 목사

청소년공동체 바로세우기

구약2 [통일왕국~포로 • 귀환시대]

구약과 씨름하기 2 Start!

CLS 크리스천리더

[추천사]

현재 이 시대에 가장 시급한 과제가 있다면 다음 세대(next generation)에게 하나님의 말씀을 심는 일입니다. 무엇보다 성경에 기초한 기독교 교리를 청소년 시기에 심는 일은 매우 중요한 과제입니다. 누구나 알고 있는 이 분명한 방향 앞에 말씀을 체계적으로 그리고 쉽고 재미있게 심어주는 일은 결코 쉽지 않습니다.
그런 의미에서 성경을 바탕으로 기독교 교리를 쉽게 가르칠 수 있도록 계발한 이 책은 매우 유용할 것으로 확신합니다.
또한, 현장에서 섬기는 청소년 사역자들의 생생한 가르침이 녹아들어 청소년들을 세워 나가는 일에 큰 도움이 될 것입니다. 지금 바로 사역의 현장에서 활용할 수 있는 이 책을 모든 청소년 사역자들과 교회학교 중고등부 교사들에게 기꺼이 추천합니다.

– 황성건 목사 (사/청소년선교횃불 대표, 제자로교회 담임, 국제코스타 강사)

[저자서문]

몇 년 전 수능이 끝난 그 다음 주에 고3 아이들 상당수가 예배에 나오질 않았습니다. 저는 아이들이 공부에 따른 후유증과 피곤이 겹쳐서 그런가보다 생각했는데, 나중에 알고 보니 그 주에 친구가 다니는 교회에 다들 몰려 갔다는 사실을 알게 되었습니다.
이들이 친구 교회로 간 이유가 가관이었습니다. 친구 교회에서 고3 수험생을 위한 행사가 있었는데 그 교회 예배에 참석만 하면 VIPS 시식권을 준다고 했다는 겁니다. 그리고 고3 아이들은 소리소문 없이 저희교회를 떠났습니다.
그 일이 있은 후 저는 많은 생각을 하게 되었습니다. 교회가 이래서 되겠는가?
그때 목회자로 아픈 기억을 더듬으면서 앞으로는 내 교회를 사랑하고 내 교회에 대한 소속감을 갖고 신앙생활을 하는 학생들을 철저히 교육해야겠다는 생각을 하게 되었습니다. 그래서 이 교재는 특별히 청소년들을 내 교회 아이들로 세운다는 분명한 목적의식을 가지고 집필하였습니다.
이 교재가 지향하는 것은 지식교육이 아닙니다. 하나님을 향한 믿음과 사상으로 무장시키는 교육입니다. 절대로 논리적이고 과학적이며 합리적인 판단을 요구하는 가르침이 아닙니다. 습관을 위한 교육이며 '왜?', '어떻게?' 에 대한 답을 제시하려 나름대로 몸부림친 결과입니다. '왜 예수를 믿어야 하는가?', '예수 믿는 자로 어떻게 살아야하는가?' 에 대한 답을 찾는 과정입니다.

G3 시스템은 제 목회의 종합적인 커리큘럼이기도 합니다.
G3는 (The Great God' s Grace)의 약자로 "위대한 하나님의 은혜"라는 뜻인데 모든 배움의 모토가 오직 하나님의 은혜 안에 있음을 고백합니다.

이 교재는 Teen G3 성경 구약1(천지창조~사사시대)로 G3 0단계 1~4권과 G3 1, 2단계(복음+전도)와 3, 4단계(양육+리더)를 마친 이후 사용하시는 교재입니다.
하지만 교회 형편에 따라 성경을 가르치는 데 촛점을 맞추고자 하신다면 이 교재를 먼저 선택해도 좋습니다.

이 땅의 모든 청소년들이 주님 품으로~ 저자 기쁨의 교회 정신일 목사

교사들이여!! 학생들을 가르치기 전에 먼저 성경공부부터 하십시오.
반드시 이 교재의 교사용 지침서를 꼭 몇 번 정독하시기 바랍니다.

이 교재 Teen G3 성경 배우기 시리즈로 총 4권으로 구성되어있습니다.
1권은 구약 1과정으로 [천지창조~사사시대]까지 중요 사건과 내용을 중심으로 구약흐름을 이해하는 데 초점을 두고 기획하였습니다. 2권은 구약2 과정으로 [이스라엘의 통일왕국과 분열왕국, 포로, 귀환] 시대를 다룰것입니다. 3권은 신약1 과정으로 예수님께서 성육신하시고 세상에 오셔서 구속사역을 완성하신 [복음시대]의 사건을 다룰 것입니다. 4권을 예수님께서 승천하신 이후 사도들의 전도로 교회가 세워지고 복음이 전파되는 [교회시대]를 다룰 것입니다. 사도행전과 바울서신이 중요한 뼈대가 될것입니다.
성경은 너무도 방대하고 배울 내용도 너무 많습니다.
총 4권 1년과정으로 공부한다 해도 성경을 전체적으로 배우기에는 무리가 있습니다. 그래서 이 교재는 성경의 흐름을 연대기적인 이해를 하는데 그 목적을 두고 집필하였습니다. 가르치는 데 힘쓰시는 교사 선생님들이 다 되시기 바랍니다.

[이 교재의 특징]
첫째, 구약과 신약의 역사적 흐름을 이해하는데 초점을 맞추어 집필하였습니다.
둘째, 성경의 중요 핵심 내용들을 배우고 이해하는데 초점을 두고 기획하였습니다.
성경의 흐름을 파악하고 그 사건들 속에 나타난 하나님의 계획과 뜻을 이해하는 데 초점을 두었습니다. **셋째, 모든 내용은 말씀의 근거로 기획되어있다.**
이 교재는 반드시 성경말씀을 근거로 하였고, 그 말씀의 구절을 기록하였다.
넷째, 생각하고 토론하고 실천하는데 집중하였다.
성경은 늘 우리에게 실천의 문제를 던져주고 있다. 충분히 생각하고 묵상하고 이해 해야 한다. 또한, 자연스러운 토론과 실천의 과정을 갖게 하여 생활 속의 믿음으로 성장시키는 데 초점을 맞추었다.

1년 차 신앙입문 기초과정
Teen G3 0단계 1~4권 [총 4권, 48주 1년 과정]
1권 **믿음생활 시작하기 Start!** (믿음의 기초 이해하기)
2권 **복음의 기초 다지기 Start!** (죄와 구원)
3권 **믿음의 습관 길들이기 Start!** (다양한 관계 속에서 믿음생활)
4권 **성경인물 따라하기 Start!** (믿음생활을 배우고 삶 속에 적용하는 과정)

2년 차 상반기과정 리더과정
Teen G3 1, 2단계 [복음+전도]
1권 **전도는 부끄러운 일이 아니야 Start!**
Teen G3 3, 4단계 [양육+리더]
2권 **나는 내 교회 리더가 될거야 Start!**

2년 차 하반기과정 성경공부
Teen G3 성경 • 구약1 [천지창조~사사시대]
Teen G3 성경 • 구약2 [통일왕국시대~포로 • 귀환시대]

3년 차 상반기과정 성경공부
Teen G3 성경 • 신약1 [복음시대] - 곧 출간 됩니다.
Teen G3 성경 • 신약2 [교회시대] - 곧 출간 됩니다.

교재의 구성과 사용법

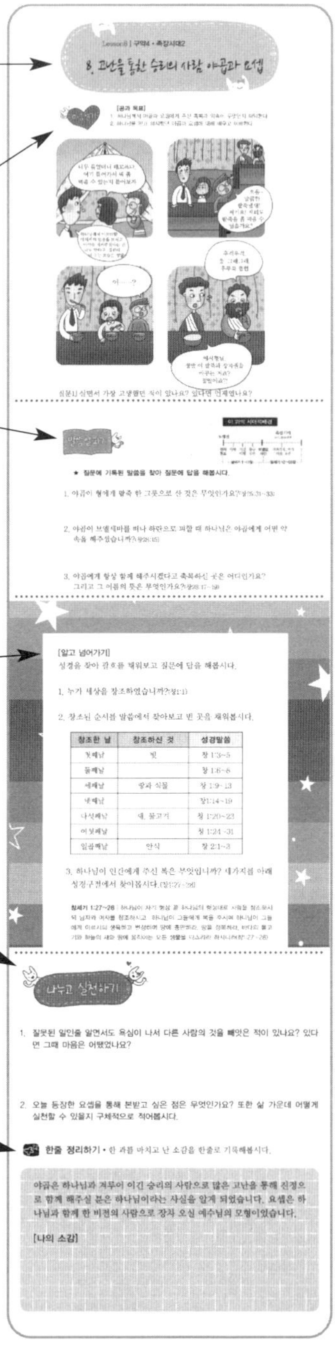

제목, 공과목표
매 과에 제목과 공과목표를 볼 수 있도록 기록하였다.

마음열기
매 과의 주제와 그에 맞는 삽화가 수록되어 있다. 삽화의 내용은 세 명의 주인공이 성경의 스토리를 좇아 탐험하며 그 과에 맞는 성경내용이나 상황을 설명하거나 보여준다. 하단에는 질문을 통해 서로의 생각을 나누어 볼 수 있도록 하였다.

말씀살피기
매 과마다 주제 말씀이 기록되어 있고 말씀을 근거로 질문에 답을 하도록 구성하였다.
문제에 대한 답을 기록하지만, 정답을 맞히는 것이 중요한 게 아니라 그 문제가 의도한 바를 잘 이해하는 것이 중요하다. 성경이 말하는 생각의 틀을 바꾸는 것이 중요한 것이다.

[알고 넘어가기]
[말씀살피기]가 성경의 시대순 흐름에 맞춰 중요한 부분을 배우고 넘어가는 코너라면 [알고 넘어가기] 그 시대순의 흐름가운데 추가적이고 심화적인 내용을 확인하도록 구성하였다.

나누고 실천하기
한 과를 마무리하면서 이야기를 나누고 실천해야 할 사항들을 확인하고 서로 토론하는 부분이다.

한줄 정리하기~^^
매 과마다 한줄로 그 과의 중요한 내용을 기록해놓았다. [나의소감]을 통해 이 과를 배운 소감과 다짐을 적어보게 한다.

Contents

자, 이제~ 성경 이야기 세계로 떠나자!

학생들의 웃음소리로 가득한 수요일. 각 교실에서는 수업을 듣고 있는 학생들로 가득하다.

그러던 어느 날,

수학여행을 떠나게 된 OO 고등학교 학생들은 아침 일찍 학교 운동장으로 모이고 있고 다른 친구들과 다름없이 수학여행을 가기 위해 집을 나선 김진리, 유정확, 남건 이 세 아이들은 특별한 경험을 하게 된다. 선생님의 심부름으로 학교 뒤 소각장에 가게 된 아이들 앞에 갑자기 희미한 빛이 비치는 숲이 나타났다. 그 빛이 비추이는 숲을 바라보니 '구약의 숲' 이라고 쓰여져 있는 글자가 저들 눈에 선명히 보였다. 호기심에 그 빛을 따라 들어간 아이들 앞에는 지금껏 상상하지 못한 광경이 눈앞에 펼쳐지게 되는데…….

[등장인물 설명]

김진리(17세 고1 여학생)

예쁘장한 얼굴에 선한 눈매의 꿈 많은 소녀. 무엇보다 하나님을 사랑하고 신실한 믿음을 가진 18살 소녀.

성경에 대해 궁금한 점도 많고 가끔은 성경이 펼쳐지고 있는 시대로 뛰어 들어가 여러 인물들을 만나고 싶다는 생각을 하기도 하는 조금은 엉뚱하기도 한 소녀이기도 하다.

유정확(17세 고1 남학생)

학교에서 성적도 좋고 늘 상위권을 놓치지 않는 수재이지만 신앙에 있어서는 눈으로 보고 확인해야 믿는 의심이 많은 철부지 소년. 어렸을 적부터 부모님을 따라 교회에 나가긴 했지만 성경은 온통 믿어지지 않는 것들이라고 말하며 자신의 이성과 지식을 의지해 하나님을 믿으려고 한다.

남건(17세 고1 남학생)

OO 고등학교의 알아주는 불량학생. 건들건들하고 단정하지 못한 아이. 수업시간엔 늘 잠자기 바쁘고 선생님 몰래 친구들과 놀러 다니는 건 삶의 일부가 되어 있다. 엄마와 함께 교회는 나가지만 그곳에서도 별반 다를 게 없는 문제아.
가끔은 엄마 몰래 교회에 가지 않고 친구들과 노래방, 게임방을 전전한다.

천사

주인공들의 구약과 신약의 숲으로 여행을 인도해주고 도와주는 천사.

Lesson2 | **사무엘 선지자**

1. 킹 메이커 '사무엘'

[공과목표]

1. 천지창조부터 이스라엘 구약의 흐름을 이해시킨다.
2. 이스라엘 영적지도자 사무엘에 대해 가르친다.

마음열기

훌륭한 킹 메이커가 되기 위해 필요한 것은 무엇일까요?

[질문] 훌륭한 '킹 메이커'가 되기 위해 필요한 것은 무엇일까요?

설명 | 세계 여러 나라의 역사를 살펴보면 위대한 왕과, 위대한 왕을 옆에서 보필하고 도움자 역할을 한 인물들이 있습니다.
우리나라의 경우에도 대표적인 것이 태조 이성계를 도운 정도전이 그 인물이지요.
'킹 메이커(king maker)'는 말 그대로 왕을 만든 사람입니다.
한 나라의 왕을 세우고 그를 돕는 역할이기에 그 누구보다 중요하다고 할 수 있지요.
그런데 오늘 배울 말씀에서도 '킹 메이커'가 등장합니다.
바로 '사무엘'이라는 인물인데요. 그가 어떻게 태어났고 어떤 삶을 살았으며 어떻게 하나님께 쓰임 받는 선지자가 되었는지 오늘 배울 과를 통해 함께 알아봅시다.

말씀 살피기

1. 천지창조부터 이스라엘의 구약을 시대별로 구분해보면 아래와 같습니다. (　　　　　)에 적절한 답을 채워봅시다.

연도	주요사건	질문
오래전	**천지창조** 선악과사건 타락의 시작	최초의인간-(아담과 하와) 가인은 동생 (아벨)을 죽임
	하나님의 심판 노아(홍수)심판 (바벨)탑심판	바벨탑 심판 사건의 결과는? 언어를 (혼잡)케 하셨다
B.C 2000	**족장시대** 아브라함부르심 아브라함, 이삭, 야곱, 요셉	이삭을 제물로 드리러 갔던 산 이름은?(모리아산)
B.C	**출애굽시대** 광야생활 지도자로 삼으셨고 그를 부르 셨을때 나이는 (80)세였다.	하나님은 (모세)를 출애굽의 1400
	가나안정복시대 여리고, 아이성정복	(여호수아)는 모세의 수종드는 자로 가나안정복의 지도자로 택함 받았다.
B.C 1300	**사사시대** 12명 사사	유일한 여자 사사는 (드보라) 이고 힘센 나실인 사사는 (삼손)이었다
B.C 1020	**이스라엘 통일왕국시대** 1대 왕 사울 2대 왕 (다윗) 3대 왕 솔로몬	(다윗 왕)은 비록 군대장관 우리아의 아내인 밧세바를 범하는 죄를 지었지만 진정으로 회개함으로 하나님 마음에 가장 합한 왕으로 인정받았다.
B.C 900	**이스라엘 분열왕국시대** 르호보암과 여로보암 므낫세의 범죄	하나님께 대한 죄악과 불순종과 우상 숭배로 인해 (남유다)와 북이스라엘로 나뉘었다.
B.C 586 B.C 500	**포로시대** 바벨론 포로로 끌려감, **귀환시대** 에스라, 느헤미야, 스룹바벨활동 성전재건시작	

2. 그림과 단어로 연상되는 이스라엘 왕이 누군지 엉켜진 길을 따라가 왕 이름을 적어봅시다.

3. 나는 아래 기록된 왕을 어떻게 생각하고 있나요? 어떻게 생각하고 있는지를 한마디로 적어봅시다.

사울왕은 ____________왕이다!

다윗왕은 ____________왕이다!

솔로몬왕은 ____________왕이다!

[어떻게 가르칠까?]

1번은 간략한 복습문제입니다. 주요 사건을 간략하게 설명해주시고, 특히 이스라엘이 우리나라와 비슷한 점을 설명해 주세요. 또한 아래 티칭포인트의 내용을 숙지하시고 통일왕국시대 1대 사울왕, 2대 다윗, 3대 솔로몬 왕에 대해 간략히 설명해 주세요.

티칭포인트 | 이스라엘의 통일왕국시대(대략 B.C. 1020~900년)

이스라엘의 통일왕국시대는 사사시대 이후 이스라엘이 가장 막강했던 왕권시대로 1대 (사울)왕, 2대 (다윗)왕 3대 (솔로몬)왕까지 약 120년의 기간을 말합니다.

이스라엘은 우리나라와 비슷한 점이 많은 나라입니다.

이스라엘은 우리나라 강원도 정도의 작은 땅이지만, 지정학적으로 매우 중요한 위치에 접하고 있습니다. 많은 외부의 침략을 당했던 것도, 남북이 분열된 것도 우리나라와 비슷합니다. 또한 설움 많고 한 많은 민족적 정서도 비슷합니다.

이스라엘이 통일왕국으로서 그나마 중앙집권적이며 강력한 왕권이 자리하고 있었던 때는 사울, 다윗, 솔로몬 3대가 전부였습니다. 이 통일왕국시대는 이스라엘 역사상 가장 강력한 시대였습니다. 이후 이스라엘은 솔로몬 시대에 남북으로 분열됩니다.

사울 왕 이전에 이스라엘은 12지파에 의해 통치되던 시대였습니다. 12지파가 하나의 국가로 묶였다고는 하지만, 실상은 12개의 부족형태 국가를 통치하던 시대였습니다. 그렇다 보니 전쟁과 같은 도발상황에서 12지파의 의견을 하나로 모아 대처하기에는 매우 취약했습니다.

12지파는 외견상 하나님을 믿는 신앙 공동체였습니다. 하지만 사사기서를 통해 볼 수 있듯이 그들은 종교로 하나 되지 못했고 하나님의 거룩한 제사장 지파라고 하는 레위인들 조차 극도로 타락한 모습을 확인할 수 있습니다. 이때 일반 백성들은 여호와신앙을 버리고 이방신을 섬기는 악행을 자행했습니다.

이스라엘 초대왕은 사울입니다. 그는 사무엘이 기름을 부어 왕으로 세웠습니다

사울왕은 이스라엘의 초대 왕이었지만, 이때까지만 해도 완전한 중앙집권화였다고 볼 수는 없었습니다. 사울은 처음엔 하나님께 순종하고 나갔지만, 점점 왕의 권력에 젖어 하나님께 불순종했고 결국, 사울은 하나님께 버림받아 비참한 최후로 생을 마감했습니다.

양을 치는 목동에 불과했던 다윗이 블레셋의 장수 골리앗과의 싸움에서 이긴 후 다윗의 인기는 하늘을 찔렀고 이것이 화근이 되어 사울왕은 다윗을 죽이려 합니다. 하지만 사울왕은 실패하고 블레셋과의 전쟁에서 전사하게 됨으로 다윗이 왕위에 오르게 됩니다.

2대 왕인 다윗왕 때 비로소 왕권정치를 꽃피우게 되어 정치적, 종교적, 문화적으로 통일된 국가가 되었습니다. 다윗은 하나님 뜻대로 살고자 했고 하나님에 대한 열심도 대단했던 왕이었습니다. 그래서 다윗은 여호와 신앙을 더욱더 굳건히 하기 위해 성전을 건설하려 했습니다. 하지만 하나님께서는 수많은 전쟁으로 피를 많이 흘리게 한 다윗이 성전을 짓는 것을 허락하지 않으셨습니다.

다윗의 뒤를 이어 왕이 된 솔로몬왕의 시대는 강력한 중앙집권 정치와 더불어 안정된 국가로 최고의 부를 누렸던 황금기였습니다.

하나님으로부터 얻은 지혜로 지혜의 왕이라는 소문이 주변 나라까지 자자했습니다. 솔로몬왕은 통치 초반 하나님의 지혜로 치리하였고, 종교적으로 비교적 안정된 여호와신앙이 뿌리내리던 시대였습니다. 하지만 많은 세금과 과다한 노역으로 백성들의 불만이 많았던 시기이기도 합니다.

그 후, 솔로몬의 아들 르호보암의 시대에 접어들면 과중한 세금징수와 백성들의 소리를 묵살해버린 것이 나라 분열의 원인이 되고 맙니다.

르호보암은 과도한 노역과 세금에 대해 줄여달라는 백성들의 요구를 묵살하였고, 이로 인해 결국 12지파 중 10지파가 뭉쳐 독립왕국을 건설하게 됩니다.

이 10지파가 독립하여 북쪽 이스라엘 왕국을 건설하였고, 남은 2지파는 남쪽에 유다왕국을 건설하게 됩니다. 솔로몬의 대표적인 치적은 화려한 성전건축이라 할 수 있습니다. 황금으로 장식되어 황금성이란 수식어가 붙을 정도였습니다.

하지만, 이후 솔로몬은 정략적 결혼으로 많은 이방여인들을 후궁으로 들였고, 그 여인들이 믿던 우상숭배를 허용함으로 하나님의 심판을 받게 됩니다.

[알고 넘어가기] 마지막 사사, 킹 메이커 사무엘
사무엘은 사사시대와 왕정시대를 잇는 다리역할을 했던 선지자였습니다.

1. 한나는 하나님께 무엇을 서원하였나?(삼상 1:11, 삼상:1:28)

서원하여 이르되 만군의 여호와여 만일 주의 여종의 고통을 돌보시고 나를 기억하사 주의 여종을 잊지 아니하시고 주의 여종에게 아들을 주시면 내가 그의 평생에 그를 여호와께 드리고 삭도를 그의 머리에 대지 아니하겠나이다(삼상1:11)

정답: 자식을 낳으면 여호와께 드리겠다고 서원하였다.

2. 사무엘은 어떤 축복을 받았는가?(삼상3:19~20)

사무엘이 자라매 여호와께서 그와 함께 계셔서 그의 말이 하나도 땅에 떨어지지 않게 하시니 단에서부터 브엘세바까지의 온 이스라엘이 사무엘은 여호와의 선지자로 세우심을 입은 줄을 알았더라(삼상:3:19~20)

정답: 하나님께서 사무엘과 늘 함께하셨다.

티칭포인트 | 하나님께서 늘 함께하신다는 것은 가장 중요한 축복입니다. 학생들에게 하나님이 늘 함께 하는 축복의 삶을 살 것을 설명해주세요.

3. 사무엘이 기름 부어 세운 두 왕은 누구인가?
정답: 사울과 다윗

[어떻게 가르칠까?]
사무엘은 늘 하나님과 동행하고 순종했던 선지자였음을 잘 이해시켜주세요.

티칭포인트 | 이스라엘의 영적 지도자 '사무엘'
통일왕국을 이해하기 전에 먼저 알고 넘어가야 할 것은 바로 사무엘이라는 선지자입니다. 사무엘은 이스라엘이 사사시대에서 왕정시대로 넘어갈 때에 중요한 다리역할을 했던 사사이자, 선지자였습니다. 당시 칠흑같이 어두웠던 이스라엘에 밝은 등불과도 같았던 지도자가 사무엘이었습니다. 사무엘은 '하나님께서

들으셨다' 라는 뜻을 가진 이스라엘 최후의 사사이며, 이스라엘을 이끈 영적지도자였습니다. 사무엘은 에브라임 땅에 살고 있던 레위 지파 그핫 자손인 엘가나와 한나 사이에서 태어났습니다(삼상 1:19-20; 대상 6:33-38).

아이를 낳지 못했던 그의 어머니 한나는 늘 기도와 서원으로 아들을 달라고 간구하였고, 하나님은 그 기도에 응답하심으로 사무엘을 주셨습니다.

한나는 사무엘이 젖을 떼자마자 하나님께 서원했던 대로 그를 실로로 데려가 대제사장 엘리에게 맡겨 성막에서 자라게 합니다(삼상 2:11-18).

하나님은 늘 사무엘과 함께하셨고 특별히 엘리 제사장 집안의 멸망을 계시 받은 대로 엘리의 두 아들은 블레셋과의 전투에서 전사하며 엘리 제사장은 의자에서 뒤로 넘어져 목이 부러져 죽게 됩니다(삼상 3:19). 그 후 사무엘은 엘리 제사장의 뒤를 이어 제사장, 선지자로서 사명을 감당하게 됩니다.

이스라엘의 지도자가 된 사무엘은 백성들을 미스바에 소집하고 모든 이방신들을 버리고 오직 여호와만을 섬기라고 촉구합니다(삼상 7:3).

이 기회를 틈타 블레셋 군사들이 다시 이스라엘로 쳐들어와 미스바에 모인 이스라엘 사람들을 위협할 때, 사무엘은 여호와께 기도드렸고, 여호와께서 사무엘의 기도에 응답하사 큰 우레를 퍼부어 블레셋 사람들을 쫓으셨습니다.

사무엘은 이를 기념하여 돌(비석)을 세우고 에벤에셀(삼상 7:12)이라 불렀습니다. 그 후 사무엘은 라마에 주거를 정하고 계속하여 벧엘, 길갈, 미스바(삼상 7:15-17)를 순회하며 나라를 다스렸습니다.

사무엘은 노년에 자기 아들 요엘과 아비야(대상 6:28)를 브엘세바의 사사로 세우려 했습니다(삼상 8:1-2). 하지만 그의 아들들이 사무엘의 길을 걷지 않고 뇌물을 취하며 불의를 행하자, 백성들은 그들의 다스림을 반대하며 왕을 요구하게 됩니다(삼상 8:3-5). 사무엘은 왕을 세우는 것을 하나님의 통치를 거부하는 행위로 규정하고 이에 반대했으나, 하나님의 지시에 따라 사울에게 기름을 부어 왕으로 세우게 됩니다(삼상 10:1). 그러나 사울이 교만하여 하나님으로부터 버림받자 베들레헴의 어린 목자 다윗에게 다시 기름을 부어 사울의 후계자로 세우게 됩니다(삼상 16:13; 대상 11:3). 성경은 사무엘을 기도의 사람(시 99:6), 모세에 필적할 만한 위대한 지도자로 소개하고 있습니다(렘 15:1). 사무엘은 평생 지도자의 길을 걸으면서도 명예나 권력을 탐내지 않고 오직 국가와 민족만을 사랑하는 사심이 없고 순수하며 청렴결백한 지도자였습니다(삼상 12:1-5).

[알고 넘어가기] 미스바 대각성 운동

본문말씀(사무엘상 7:3~12)

3 사무엘이 이스라엘 온 족속에게 말하여 이르되 만일 너희가 전심으로 여호와께 돌아오려거든
이방 신들과 아스다롯을 너희 중에서 제거하고 너희 마음을 여호와께로 향하여 그만을 섬기라
그리하면 너희를 블레셋 사람의 손에서 건져내시리라 4 이에 이스라엘 자손이 바알들과 아스다
롯을 제거하고 여호와만 섬기니라 5 사무엘이 이르되 온 이스라엘은 미스바로 모이라 내가 너희
를 위하여 여호와께 기도하리라 하매 6 그들이 미스바에 모여 물을 길어 여호와 앞에 붓고 그
날 종일 금식하고 거기에서 이르되 우리가 여호와께 범죄하였나이다 하니라 사무엘이 미스바에
서 이스라엘 자손을 다스리니라 7 이스라엘 자손이 미스바에 모였다 함을 블레셋 사람들이 듣고
그들의 방백들이 이스라엘을 치러 올라온지라 이스라엘 자손들이 듣고 블레셋 사람들을 두려워
하여 8 이스라엘 자손이 사무엘에게 이르되 당신은 우리를 위하여 우리 하나님 여호와께 쉬지
말고 부르짖어 우리를 블레셋 사람들의 손에서 구원하시게 하소서 하니 9 사무엘이 젖 먹는 어
린 양 하나를 가져다가 온전한 번제를 여호와께 드리고 이스라엘을 위하여 여호와께 부르짖으매
여호와께서 응답하셨더라 10 사무엘이 번제를 드릴 때에 블레셋 사람이 이스라엘과 싸우려고 가
까이 오매 그 날에 여호와께서 블레셋 사람에게 큰 우레를 발하여 그들을 어지럽게 하시니 그들
이 이스라엘 앞에 패한지라 11 이스라엘 사람들이 미스바에서 나가서 블레셋 사람들을 추격하여
벧갈 아래에 이르기까지 쳤더라 12 사무엘이 돌을 취하여 미스바와 센 사이에 세워 이르되 여호
와께서 여기까지 우리를 도우셨다 하고 그 이름을 에벤에셀이라 하니라

본문을 읽어보고 질문에 답을 해봅시다.

1. 사무엘이 이스라엘 민족에게, 블레셋 민족의 손에서 건져냄을 받으려면 어떻게 해야 한다고 말하였나?(삼상7:3)

정답:이방신들은 버리고 여호와만 섬기라

2. 사무엘은 이스라엘 백성을 어디에 모이게 했나? 또한, 그곳에서 무엇을 했는가? 정답:미스바, 회개의 기도

3. 블레셋 사람들이 싸우러 언제 왔으며, 하나님은 그들을 어떻게 물리치셨나?(10절)

정답:사무엘이 번제를 드릴 때, 큰 우레를 발하여 그들을 어지럽히셨다.

4. 에벤에셀의 뜻은?(12절)

정답:여호와께서 여기까지 우리를 도우셨다

[어떻게 가르칠까?]
미스바 대각성운동은 우리가 믿는자로서 어떤 삶을 살아야 하는지를 잘 보여주는 대목입니다. '에벤에셀' 의 하나님을 잘 설명해주고, 우리가 죄에 빠졌을 때, 하나님께 철저히 회개기도를 드리면 하나님께서 모든 것을 용서해 주시고 회복시켜주신다는 사실을 잘 설명해주세요.

티칭포인트 | 미스바
미스바는 예루살렘 북방 12㎞ 지점에 있는 땅으로 당시(사사시대에서 왕정시대로 넘어가는 과도기 시기)에 우상에 빠져있던 이스라엘 백성들에게 최고의 지도자였던 사무엘이 영적 대각성 운동을 벌였던 곳입니다. 사무엘은 이스라엘 백성들이 하나님께 돌아오고 회개할 것을 기도하였습니다. 특별히 하나님은 이스라엘이 우상을 버리고 회개하며 하나님게 돌아왔을 때 블레셋을 물리칠 수 있게 도우셨습니다.

티칭포인트 | 블레셋 민족은 어떤 민족이었나?
블레셋 민족은 팔레스타인 서남 해안지역, 에그론에서 남으로 애굽 강(시홀)에 이르는 비옥한 땅에 정착한 이방 민족을 말합니다.
이들은 함의 자손으로 일찍이 지중해의 그레데(갑돌) 섬에서 가나안으로 이주하여(렘 47:4; 암 9:7) 원주민 아위 족속을 멸망시키고(신 2:23) 가나안의 원주민 역할을 했던 강력한 해양 민족이었습니다. 블레셋의 주요 성읍으로는 가사, 아스돗, 아스글론, 가드, 에그론 등이 있습니다. 블레셋 족속은 가사와 아스돗 사람들이 숭배했던 다곤 신(상체는 사람이고 하체는 물고기 모양, 삿 16:23; 삼상 5:3)과 아스글론 사람들이 숭배한 풍요와 다산의 여신 아스다롯 그리고 에그론 사람들이 숭배했던 파리 모양의 우상 바알세붑(왕하 1:1-6)을 숭배했습니다.

티칭포인트 | 블레셋과 이스라엘의 역사적 관계를 살펴보자.

아브라함 시대 블레셋 민족은 아브라함보다 먼저 가나안으로 이주하여 정착하였습니다. 아브라함 시대 때, 상호 불가침조약을 체결하였습니다(창 21:32, 34).

출애굽 시대 하나님께서는 이스라엘 백성을 블레셋 지역이 아닌 광야로 우회하도록 지시하셨습니다(출 13:17). 이는 당시 블레셋이 강력한 군사력을 가진 민족이었기에 전쟁의 화근이 생기지 않도록 하신 것이었습니다.

가나안 정복 시대 이 시기 블레셋은 지중해 연안 주요 5대 도시를 요새화하고 강력한 도시연합 국가를 형성하였습니다(수 13:3).

사사 시대 이미 철기문화에 접어든 블레셋은 철기로 무장하여 끊임없이 이스라엘을 위협했습니다. 사사 에훗이 소 모는 막대기로 블레셋 군사 600명을 죽였다는 기사(삿 3:31)나 사사 삼손의 이야기(삿 13-16장), 사사시대 엘리 대제사장 때 발생한 블레셋의 언약궤 탈취 기사(삼상 4-6장) 등은 이스라엘과 블레셋 간의 갈등과 민족적 적대감을 단적으로 보여주고 있습니다.

사울 시대 이스라엘에게 항상 군사적 우위를 차지하던 블레셋은 이스라엘이 왕정시대가 시작되면서 점점 밀리기 시작했습니다(삼상 14장).
특히, 다윗과 블레셋 장수 골리앗과의 싸움은 이스라엘과 블레셋 사이의 힘의 균형이 역전되고 있음을 보여주는 결정적 사건이라 할 수 있습니다(삼상 17장).

다윗과 솔로몬 시대 블레셋은 통일왕국 시대로 오면서 이스라엘에 완전히 예속되어 조공을 바치는 신세로 전락하게 됩니다(삼하 5:17-25).

분열왕국 시대 이때에도 블레셋은 이스라엘의 견제 하에 있었습니다(왕상 15:27; 왕하 18:5, 8; 대하 17:11; 26:6-7). 그러나 여호람 왕(대하 21:16-17)이나 아하스 왕(대하 28:18) 때에는 유다왕국을 공격하여 큰 위협을 가하기도 했습니다.

주변 열강과의 관계 선지자들에 의해 징벌 받고 멸망이 선언되었던(사 14:29-31; 렘 25:15, 20; 47:1-2, 4; 겔 25:15-17; 습 2:4-6; 슥 9:5-7) 블레셋의 주요 5대 도시는 앗수르의 디글랏 빌레셀 3세, 사르곤 2세, 애굽의 바로 느고에 의해 끊임없이 공격받게 되었고, 마침내 바벨론의 느부갓네살에 의해 완전히 멸망되어 인류 역사에 단지 '팔레스타인' 이란 이름만을 남긴 채 역사의 무대에서 사라지게 되었습니다.

나누고 실천하기

1) 하나님께서 사무엘을 쓰신 이유는 무엇일까요? 이를 비추어볼 때, 나는 하나님께 쓰임 받는 사람이 되기 위해 어떤 노력을 해야 할까요?

가이드 | 사무엘은 하나님께 쓰임 받은 사람으로서 높은 위치에 있었지만 물질이나 권력을 마음대로 사용하거나 탐내지 않고, 하나님의 말씀에 순종한 지도자였습니다. 그렇기 때문에 하나님께서 그를 통해 하나님의 일을 이루어가셨습니다. 지금 하나님 앞에 섰을 때, 내게 부족한 점이 무엇인지 돌아보고 주님이 보시기에 기뻐하시는 사람이 될 수 있도록 도와주세요.

2) 한 주간 1)번 질문에 대한 답을 구체적으로 실현하기 위한 계획서를 작성하고 실천해봅시다.

가이드 | 학생들이 적용하기 위한 적용이 되지 않게 하시고 이 과정을 통해 하나님께서 기뻐하실 만한 온전한 사람이 될 수 있도록, 이를 통해 하나님을 더욱 사랑하고 깊이 묵상해볼 수 있도록 인도해주세요.

한줄 정리하기 • 한 과를 마치고 난 소감을 한줄로 기록해봅시다.

Lesson1 | **사울왕1**

2. 하나님보다 왕이 필요해?

[공과목표]

1. 이스라엘 백성이 왕을 요구한 근본적인 이유를 이해한다.
2. 초기 사울왕의 성품을 이해한다.

마음열기

한 나라에 '왕' 혹은 '대통령'이 필요한 이유는 무엇인가요?
자신의 생각을 서로 나누어봅시다.

[질문] 한 나라에 '왕' 혹은 '대통령'이 필요한 이유는 무엇인가요?
자신의 생각을 서로 나누어봅시다.

국가를 이루는 요소는 세 가지입니다. 영토, 주권, 국민. 그리고 이 국가를 이끌어갈 리더가 필요한데, 한 나라를 대표하는 리더를 뽑는 것은 참으로 중요하고 어려운 일인 것 같습니다. 구약시대에도 드디어 한 나라를 대표하는 왕이 등장하게 되는데요, 바로 사울왕입니다.

그런데 오늘 배울 내용을 살펴보면 사울왕이 어떠한 이유로 세워졌으며 또 어떻게 세워졌는지 자세히 나오게 됩니다. 학생들과 함께 이 부분을 나누시면서 그럼에도 왕을 세우는 것은 하나님의 주권 아래 있다는 것 또한 잘 설명해주시길 바랍니다.

말씀 살피기

아래 성경말씀을 읽고 질문에 답을 해봅시다.

본문말씀(사무엘상 8:1~9)

1 사무엘이 늙으매 그의 아들들을 이스라엘 사사로 삼으니 2 장자의 이름은 요엘이요 차자의 이
름은 아비야라 그들이 브엘세바에서 사사가 되니라 3 그의 아들들이 자기 아버지의 행위를 따르
지 아니하고 이익을 따라 뇌물을 받고 판결을 굽게 하니라 4 이스라엘 모든 장로가 모여 라마에
있는 사무엘에게 나아가서 5 그에게 이르되 보소서 당신은 늙고 당신의 아들들은 당신의 행위를
따르지 아니하니 모든 나라와 같이 우리에게 왕을 세워 우리를 다스리게 하소서 한지라 6 우리
에게 왕을 주어 우리를 다스리게 하라 했을 때에 사무엘이 그것을 기뻐하지 아니하여 여호와께
기도하매 7 여호와께서 사무엘에게 이르시되 백성이 네게 한 말을 다 들으라 이는 그들이 너를
버림이 아니요 나를 버려 자기들의 왕이 되지 못하게 함이니라 8 내가 그들을 애굽에서 인도하
여 낸 날부터 오늘까지 그들이 모든 행사로 나를 버리고 다른 신들을 섬김 같이 네게도 그리하
는도다 9 그러므로 그들의 말을 듣되 너는 그들에게 엄히 경고하고 그들을 다스릴 왕의 제도를
가르치라

1. 백성들은 1) 왕을 요구한 이유가 무엇이고(삼상8:3~5) 2) 하나님은 그들이 왕을 요구한 이유가 무엇 때문이라 하셨는지(삼상8:7~9) , 또한, 결론적으로 3) 하나님은 저들의 요구에 어떻게 행하셨습니까?(삼상8:22)

정답:왕을 요구한 이유는 사무엘 아들들의 악행 때문이었다. 하지만 하나님의 생각은 여호와 하나님을 버리려는 의도라 말씀하셨다.
결론:하지만 하나님은 이들의 요구대로 왕을 세우라고 허락하셨다(22절).

[어떻게 가르칠까?]

이스라엘 백성들의 요구와 하나님의 생각이 다른 점을 분명하게 설명해주세요. 또한, 사울왕에 대해서는, 하나님은 외모를 보시지 않고 중심을 보시는 하나님이심을 잘 설명해주고, 사울이 어떻게 불순종하여 결국 타락에 이르게 되었는지 잘 설명해 주세요.

티칭포인트 | 이스라엘 백성들이 왕을 요구한 이유

하나님은 이스라엘을 당신이 직접 통치하시는 신정국가로 세우길 원하셨습니다. 하지만 백성들은 '모든 나라와 같이' (삼상8:5) 왕을 세워달라고 요구했습니다. 당시 백성들은 시대적인 추세를 따르고 싶었던 것입니다. 하지만 하나님께서는 사무엘에게 이들이 왕을 요구하는 것은 나를 버리려 함이라고 말씀하십니다. 이들이 왕을 요구하게 된 데는 가장 먼저 사무엘의 아들들이 사무엘과 같이 행동하지 않고 뇌물을 받는 등 갖은 악행을 저지른 것이 화근이 되었습니다.

또한, 이스라엘 백성들이 왕을 요구한 데는 시대적, 환경적 요인들이 분명 있었습니다. 이방 민족들이 왕권으로 더욱 강력해져가고 중앙집권적인 힘이 얼마나 큰지 알게 되면서 늘 외부의 침략으로 고통받던 약소국 이스라엘에는 이처럼 중앙집권적인 힘을 가지고 이들을 대항할 강력한 왕권이 절실하다고 여겼습니다. 당시 이스라엘은 12지파가 제각각으로 자치적 정치를 하던 때였습니다. 그렇기에 상대적으로 힘을 하나로 모으는 것이 쉽지 않았습니다.

특히, 전쟁 같은 국난이 올 때, 하나 되어 전쟁을 극복할 힘이 미약했습니다. 그래서 강력한 중앙집권적 왕권을 절실히 원했습니다. 당장은 블레셋이라는 막강한 세력이 이스라엘을 호시탐탐 노리고 있었기에 이 큰 세력을 물리치려면 12지파가 통일되어야 하고 그러기 위해선 이를 하나로 이끌 왕권이 필요하다고 절실히 느꼈습니다. 하지만, 성경은 이들이 이런 왕을 요구한 데는 하나님을 바라보지 않고, 세상 풍조를 쫓는 불순종 때문이라고 말씀하고 있습니다.

2. 아래 괄호를 채워봅시다.

> 사무엘은 이스라엘의 마지막 (사사)로 하나님의 신정체제를 이끈 민족적 지도자였습니다. (사울)왕은 사무엘을 통해 기름 부음 받은 이스라엘의 첫 번째 왕이었습니다.

내일 이맘 때에 내가 베냐민 땅에서 한 사람을 네게로 보내리니 너는 그에게 기름을 부어 내 백성 이스라엘의 지도자로 삼으라 그가 내 백성을 블레셋 사람들의 손에서 구원하리라 내 백성의 부르짖음이 내게 상달되었으므로 내가 그들을 돌보았노라 하셨더니(삼상9:16)

3. 사울의 용모는 어떠하였나?(삼상9:2)

기스에게 아들이 있으니 그의 이름은 사울이요 준수한 소년이라 이스라엘 자손 중에 그보다 더 준수한 자가 없고 키는 모든 백성보다 어깨 위만큼 더 컸더라(삼상 9:2)

정답:준수하였고, 키가 컸다.

3. 사무엘상 9장 18~21절의 말씀을 통해 볼 때, 당시 사울의 성품은 어떠했나?

사울이 대답하여 이르되 나는 이스라엘 지파의 가장 작은 지파 베냐민 사람이 아니니이까 또 나의 가족은 베냐민 지파 모든 가족 중에 가장 미약하지 아니하니이까 당신이 어찌하여 내게 이같이 말씀하시나이까 하니(삼상 9:21)

정답:겸손하였다.

4. 하나님은 사울을 어떻게 하셨나?(삼상 10:6, 9)

네게는 여호와의 영이 크게 임하리니 너도 그들과 함께 예언을 하고 변하여 새 사람이 되리라(삼상 10:6)

그가 사무엘에게서 떠나려고 몸을 돌이킬 때에 하나님이 새 마음을 주셨고 그 날 그 징조도 다 응하니라(삼상 10:9)

정답:여호와의 영이 크게 임하게 하셨고 예언도 하게 하셨다. 새 사람이 되게 하셨고 새 마음을 주셨다.

티칭포인트 | 이스라엘 초대왕 사울

사울은 베냐민 지파 기브아 출신으로 하나님의 허락하심과 백성의 요구로 세워진 초대 왕이었습니다. 사울은 외적으로 아름다운 몸과 준수한 외모를 가졌고 키도 장대했습니다. 다윗과 달리 외적으로 풍기는 기풍이 대단했던 빼어난 인물의 미남이었습니다. 성품도 처음엔 너무나 겸손했습니다. 그는 사무엘에게 하나님께서 이스라엘 왕으로 자신을 세우려 하신다는 사실을 들었을 때, 자신은 이스라엘의 가장 작은 베냐민지파 사람이고, 가족은 그중에서도 가장 미약한 집안이며 자신 역시 그러한데 어찌 자신에게 이 같은 말씀을 하냐고 물을 정도로 겸손한 모습을 보였습니다. 하나님은 사울에게 성령을 주셔서 예언도 하게 하시고, 새 마음과 새 사람이 되게 하셨습니다. 하지만 그는 왕이 된 이후 교만해져서 하나님께 불순종하고 자기 멋대로 행동하다가 결국 하나님으로부터 버림을 받게 되는 비운의 왕이 되었습니다.

나누고 실천하기

1) 이스라엘 백성들이 왕을 요구한 이유가 불순종 때문이었음에도 저들의 요구대로 왕을 세워주신 것을 볼 때, 하나님은 어떤 분이라고 생각하나요?

가이드 | 우리는 감히 헤아릴 수 없는 하나님의 크신 사랑과 은혜를 발견하게 됩니다.

2) 내가 알고 있는 하나님의 성품을 적어보고, 그렇게 생각한 근거를 말씀에서 찾아 함께 나눠봅시다.

가이드 | 이 시간을 통해 하나님의 성품에 대해 깨닫는 시간이 되도록 인도해주세요.

한줄 정리하기 • 한 과를 마치고 난 소감을 한줄로 기록해봅시다.

Lesson3 | **사울왕2**

3. 순종이 제사보다 낫다

[공과목표]

1. 사울왕이 버림받게 된 이유와 결과를 잘 이해시킨다.
2. 하나님께 순종하는 삶이 무엇인지 잘 이해시킨다.

마음열기

어른들의 말씀 중에서 '정말 이것만은 순종하기 힘들다' 고 생각하는 것이 있나요? 있다면 무엇인가요?

[질문] 어른들의 말씀 중에서 '정말 이것만은 순종하기 힘들다' 고 생각하는 것이 있나요? 있다면 무엇인가요?

설명 | 학생들이 어른들의 말씀에 순종하는 것은 해야 하는 일이지만, 때때로 그것이 버겁고 힘들고 또 부당하다고 느껴서 그것을 거부하거나 무시할 때도 종종 있는 것 같습니다. 예를 들면, 학생의 신분으로서 해선 안 되는 탈선이나 부적절한 언어사용, 끊임없이 해야만 하는 공부 등이 그렇지요. 먼저 학생들의 이야기를 들어주시면서 그것의 옳고 그름을 나누어 단정 짓지 마시고 오늘 배울 말씀과 연관시켜 하나님 앞에 불순종의 모습과 그 결과에 대해 함께 알아볼 수 있도록 인도해주세요.

말씀 살피기

1. 사울 왕이 하나님께 버림받았던 이유는 무엇입니까?

너는 나보다 앞서 길갈로 내려가라 내가 네게로 내려가서 번제와 화목제를 드리리니 내가 네게 가서 네가 행할 것을 가르칠 때까지 칠 일 동안 기다리라(삼상 10:8)

사울이 이르되 번제와 화목제물을 이리로 가져오라 하여 번제를 드렸더니 번제 드리기를 마치자 사무엘이 온지라 사울이 나가 맞으며 문안하매(삼상 13:9, 10)

정답: 제사장만이 드릴 수 있는 제사를 자신이 직접 하나님께 드렸다. 하나님께 대한 불순종때문이었다.

[어떻게 가르칠까?]
사울왕이 하나님께 버림받은 근본적인 이유를 잘 설명해주세요. 또한, 하나님께 순종하는 것이 가장 중요한 신앙의 모습이라는 사실도 잘 알려주세요.

티칭포인트 | 하나님의 질서를 무시한 불순종
사울 왕이 버림받은 근본적인 이유는 교만과 불순종 때문이었습니다. 또한, 하나님을 의지하여 해결하지 않고 자신의 인간적인 판단으로 해결하려다 보니 큰 어려움에 직면하게 되었습니다. 사무엘은 사울에게 먼저 길갈에 가서 7일 동안 자기를 기다려 달라고 말합니다. 왜냐하면 7일 후 사무엘이 직접 와서 하나님 앞에 제사를 드리고 하나님을 통해 이스라엘 왕으로서 감당해야 할 것을 지시받아야 했기 때문입니다.
하지만 블레셋에게 쫓기는 상황이 되자 다급해진 사울 왕은 사무엘을 기다리지 못하고 오직 제사장만이 행할 수 있는 번제를 드리는 죄를 범하게 됩니다.
하나님께 제사를 드리는 것은 오직 레위지파 제사장만이 감당할 수 있는 일이었습니다. 그것은 왕이라고 해도 할 수 없는 일이었습니다. 이는 하나님의 질서를 무시한 불순종이었습니다.

2. 하나님께서는 아멜렉과의 전쟁에서 왕과 모든 백성들과 가축들을 다 진멸하라고 하셨지만 사울은 그 말씀에 불순종했습니다. 그때 사울은 사무엘에게 어떤 변명을 했고 사무엘은 그에 대해 어떻게 말하였나요?(삼상15:20~23)

20 사울이 사무엘에게 이르되 나는 실로 여호와의 목소리를 청종하여 여호와께서 보내신 길로 가서 아말렉 왕 아각을 끌어 왔고 아말렉 사람들을 진멸하였으나 21 다만 백성이 그 마땅히 멸할 것 중에서 가장 좋은 것으로 길갈에서 당신의 하나님 여호와께 제사하려고 양과 소를 끌어 왔나이다 하는지라 22 사무엘이 이르되 여호와께서 번제와 다른 제사를 그의 목소리를 청종하는 것을 좋아하심 같이 좋아하시겠나이까 순종이 제사보다 낫고 듣는 것이 숫양의 기름보다 나으니 23 이는 거역하는 것은 점치는 죄와 같고 완고한 것은 사신 우상에게 절하는 죄와 같음이라 왕이 여호와의 말씀을 버렸으므로 여호와께서도 왕을 버려 왕이 되지 못하게 하셨나이다 하니(삼상 15:20~23)

정답: 사울의 변명-가장 좋은 것으로 하나님께 제사를 드리기 위해 좋은 양과 소를 끌고 왔다고 말했다. (21절)
사무엘-순종이 제사보다 낫고 듣는 것이 숫양의 기름보다 낫다고 말했다. (22절)

티칭포인트 | 순종이 제사보다 낫다
순종이 제사보다 낫다는 말씀은 오늘날 우리에게도 중요한 말씀입니다.
하나님께서는 사울에게 아말렉과의 싸움에서 아말렉을 완전히 진멸하라고 하셨는데 그는 하나님의 말씀대로 완전히 진멸하지 않았습니다. 사울은 아말렉 왕 아각을 죽이라는 명령을 거역하여 생포하기만 했고 아말렉의 소유 중 좋아 보이는 것을 의도적으로 진멸하지 않았습니다.
이후에 그는 사무엘이 자신을 탓하자, 하나님께 좋은 것을 드리기 위함이라며 궁색한 변명을 늘어놓았고 그때 사무엘은 사울에게, 순종이 제사보다 낫다고 말했습니다.
사무엘이 이르되 여호와께서 번제와 다른 제사를 그의 목소리를 청종하는 것을 좋아하심 같이 좋아하시겠나이까 순종이 제사보다 낫고 듣는 것이 숫양의 기름보다 나으니(삼상 15:21, 22) 게다가 사울은 백성들의 마음이 다윗에게 향하고 있었다는 것을 알았습니다. 그래서 그는 질투심에 다윗을 죽이려는 죄를 범하기도 했습니다.

사울은 다윗 한 사람을 죽이기 위해 마음대로 백성 3천명을 동원해 다윗을 쫓았으며, 다윗을 도와주었다는 이유로 제사장과 세마포 에봇을 입은 종교지도자 85명을 죽이기도 했습니다.
또한, 사울과 온 이스라엘은 길보아에서 진을 치고 있고, 블레셋은 수넴에 진을 치고 있는 상황에서 사울은 블레셋이 두려워 하나님께 어찌해야 하는지 여쭙게 됩니다. 하지만 응답이 없었습니다.
사울이 여호와께 묻자오되 여호와께서 꿈으로도, 우림으로도, 선지자로도 그에게 대답하지 아니하시므로(삼상 28:6) 그러자 사울은 신접한 여인을 찾아 엔돌에 신접한 여인에게 가서 점을 보는 죄를 범하게 됩니다. 하나님의 응답이 없다면 먼저 자신을 돌아보고 회개하며 더 기도해야 하는데 다른 것을 찾은 것입니다.
이런 어리석은 사울의 행동은 결국 하나님께 버림받게 했고 전쟁터에서의 자살이라는 비참한 생으로 마감하게 했습니다.

3. 하나님께서는 이런 사울의 행동을 보시고 사울을 왕으로 세운 것에 대해 어떻게 생각하셨습니까? 그렇게 생각하신 이유는 무엇입니까?

내가 사울을 왕으로 세운 것을 후회하노니 그가 돌이켜서 나를 따르지 아니하며 내 명령을 행하지 아니하였음이니라 하신지라 사무엘이 근심하여 온 밤을 여호와께 부르짖으니라(삼상 15:11)

정답: 후회하셨다. 왜냐하면 하나님의 명령을 행하지 않았기에.

티칭포인트 | 하나님도 후회하시는 분이다?
성경은 보이지 않는 하나님을 마치 인간처럼 의인화 해서 그분의 성품을 자주 표현하고 있습니다. 하나님은 후회가 없으신 분이십니다. 하지만 성경 저자는 하나님께서 후회하셨다고 기록하고 있습니다. 노아의 홍수 심판 때도 하나님은 인간을 창조하신 것을 후회하셨다고 기록하고 있고 예수님께서도 가룟 유다가 차라리 나지 않았으면 좋았을 뻔하였다고 하셨습니다.
이런 성경의 기록은 하나님께서 정말 후회하신다는 것이 아니라 인간이라면 그렇게 생각하고 말씀하실 정도로 크게 실망했다는 것을 강조해서 표현 것일 뿐입니다. 사울에 대해서도 실망이 크셨음을 말하고 있습니다.

사울에게는 이스라엘 왕으로 해야 할 일들이 있었습니다.
블레셋으로부터 이스라엘 백성을 구원해내야 하는 사명이 있었고 백성들을 하나님께서 주신 법과 질서로 가르치고 다스려서 사명을 감당할 수 있는 나라로 만드는 것이 필요했습니다.
왕으로서 하나님께 해야 할 일은 하나님과 백성 사이에서 하나님의 신하로 백성들이 하나님을 잘 섬길 수 있도록 인도하고, 하나님의 백성답게 살 수 있도록 이끌어주는 일이었지만 사울의 교만함과 죄로 인해 하나님께서는 사울을 버리시고 다윗을 택하시게 됩니다.

[사울의 죽음]

4. 결국 사울은 어떻게 최후를 맞이하나요? 그렇게 최후를 맞이한 이유는 무엇 때문일까요?(삼상 31:4~6)

그가 무기를 든 자에게 이르되 네 칼을 빼어 그것으로 나를 찌르라 할례 받지 않은 자들이 와서 나를 찌르고 모욕할까 두려워하노라 하나 무기를 든 자가 심히 두려워하여 감히 행하지 아니하는지라 이에 사울이 자기의 칼을 뽑아서 그 위에 엎드러지매 무기를 든 자가 사울이 죽음을 보고 자기도 자기 칼 위에 엎드러져 그와 함께 죽으니라 사울과 그의 세 아들과 무기를 든 자와 그의 모든 사람이 다 그 날에 함께 죽었더라(삼상 31:4~6)

사울이 죽은 것은 여호와께 범죄하였기 때문이라 그가 여호와의 말씀을 지키지 아니하고 또 신접한 자에게 가르치기를 청하고 여호와께 묻지 아니하였으므로 여호와께서 그를 죽이시고 그 나라를 이새의 아들 다윗에게 넘겨 주셨더라(대상 10:13~14)

정답: 자살, 여호와께 죄를 범하였기 때문에

나누고 실천하기

1) 하나님의 말씀에 순종해야 하는 줄 알면서도 그것이 귀찮고 버거워서 외면했던 적이 있나요? 또한, 그때 마음은 어땠나요?

가이드 | 미워하는 친구를 용서해야할 때, 내 것을 친구들과 나눠야할 때, 어른을 공경해야 할 때 등 우리가 행해야 할 일들 앞에서 애써 외면하거나 무시했던 적은 없는지 함께 나눠봅시다. 그러나 이 나눔이 정죄의 수단이 되지 않게 유의해주시고 질문에 대한 답이 불순종에서 순종으로 갈 수 있도록 인도해주세요.

2) 내가 생각하기에 하나님께서 기뻐하실 만한 나의 모습 3가지를 정해보고 한 주간 지키도록 노력해봅시다.

가이드 | 혹여 한 가지도 지키지 못했을지라도 좋습니다. 중요한 것은 하나님께서 나를 통해 기뻐하실 만한 것이 무엇인지 묵상하고 마음의 중심이 그것을 지키기 위해 힘쓰고 애썼다는 과정입니다. 결과보다는 과정에 초점을 맞추어 학생들을 격려해주시고 인도해주세요.

한줄 정리하기 • 한 과를 마치고 난 소감을 한줄로 기록해봅시다.

Lesson4 | **다윗왕1**

4. 물맷돌 하나로, 쌈장의전설

[공과목표]

1. 하나님은 중심을 보시는 하나님이심을 이해시킨다.
2. 다윗과 골리앗의 전쟁을 통해 하나님의 도우심을 알고 배우도록 한다.

마음열기

나는 '마음이 예쁜 사람'과 '얼굴만 예쁜 사람' 중, 누구에게 더 호감을 가지게 되나요? 그 이유는 무엇인가요?

[질문] 나는 '마음이 예쁜 사람'과 '얼굴만 예쁜 사람' 중, 누구에게 더 호감을 가지게 되나요? 그 이유는 무엇인가요?

설명 | 어느 시대에나 '미'의 기준은 조금씩 달라도 그 '미'를 추구하여 사람의 외모를 중요시 여기고 관심을 갖는 것은 똑같을 것입니다. 그런데 요즘엔 지나치게 눈에 보이는 아름다움만을 추구하여 성형수술이 너무 일반화 되어가고 있는 것 같습니다.
그렇기에 눈에 보이는 것만으로 모든 것을 판단하고 정해버리는 이런 세상 속에서 사람의 겉모습이 아닌 마음의 중심을 보시는 하나님의 성품은 더 마음에 와 닿게 되는데요. 오늘 다윗의 이야기를 통해 하나님께서 다윗을 어떻게 택하시고 쓰셨는지 함께 알아보도록 합시다.

말씀 살피기

다음 말씀을 깊이 묵상해보고 질문에 답을 하거나 괄호를 채워봅시다.

여호와께서 사무엘에게 이르시되 그의 용모와 키를 보지 말라 내가 이미 그를 버렸노라 내가 보는 것은 사람과 같지 아니하니 사람은 외모를 보거니와 나 여호와는 중심을 보느니라 하시더라(삼상 16:7)

이에 사람을 보내어 그를 데려오매 그의 빛이 붉고 눈이 빼어나고 얼굴이 아름답더라 여호와께서 이르시되 이가 그니 일어나 기름을 부으라 하시는지라 사무엘이 기름 뿔병을 가져다가 그의 형제 중에서 그에게 부었더니 이 날 이후로 다윗이 여호와의 영에게 크게 감동되니라 사무엘이 떠나서 라마로 가니라(삼상 16:12~13)

사무엘이 죽는 날까지 사울을 다시 가서 보지 아니하였으니 이는 그가 사울을 위하여 슬퍼함이었고 여호와께서는 사울을 이스라엘 왕으로 삼으신 것을 후회하셨더라(삼상 15:35)

1. 하나님은 사울을 대하여 이스라엘의 2대 왕으로 누구를 세우셨습니까?
또한, 누가 다윗에게 기름부어 왕이 되게 했습니까?
정답: 다윗, 사무엘

2. 성경말씀을 찾아 읽고 아래 괄호를 채봅시다.

> 하나님은 사람의 (외모)를 보지 아니하시고 (중심)을 보시는 하나님이시다.(삼상 16:7)

3. 하나님은 다윗에게 어떤 약속을 하셨습니까? 아래 말씀을 찾아 괄호를 채워봅시다.

네 (집)과 네 (나라)가 내 앞에서 영원히 보전되고 네 (왕위)가 영원히 견고하리라 하셨다 하라(삼하 7:16)

여호와께서 그의 종 다윗을 위하여 유다 멸하기를 즐겨하지 아니하셨으니 이는 그와 그의 (자손)에게 항상 등불을 주겠다고 말씀하셨음이더라(왕하 8:19)

[어떻게 가르칠까?]

모든 전쟁은 사람의 계획이나 무기나 군사에 있지 않고 오직 하나님께 달려있다는 사실을 다윗과 골리앗 이야기를 통해 잘 이해시키고 설명해주세요.

[알고 넘어갑시다] 다윗과 골리앗

1. 다윗과 골리앗의 외모는 각 각 어떠했습니까?(삼상 17:4~7)

성경말씀을 보고 아래 빈칸을 채워봅시다.

4 블레셋 사람들의 진영에서 싸움을 돋우는 자가 왔는데 그의 이름은 골리앗이요 가드 사람이라 그의 키는 여섯 규빗 한 뼘이요 5 머리에는 놋 투구를 썼고 몸에는 비늘 갑옷을 입었으니 그 갑옷의 무게가 놋 오천 세겔이며 6 그의 다리에는 놋 각반을 쳤고 어깨 사이에는 놋 단창을 메었으니 7 그 창 자루는 베틀 채 같고 창 날은 철 육백 세겔이며 방패 든 자가 앞서 행하더라(삼상 17:4~7)

외모	골리앗	다윗
키	여섯규빗 한뼘(1규빗은 약 45.6cm 즉 골리앗의 키는 2m 80이상이었다)	보통키
머리	(놋투구) 썼음	투구, 갑옷, 무기없음 그에겐 물매와 물맷돌 5개뿐이었음.
몸	(비늘 갑옷)을 입었음	
갑옷무게	놋 오천세겔(1세겔은 11.42g)	
다리 어깨	놋단창을 메었음	
창자루	베틀채같은 창날(철 육백세겔)	
믿는 구석	자기 자신	(하나님)

2. 골리앗을 이기면 어떤 상이 주어졌나?(삼상 17:25절)

이스라엘 사람들이 이르되 너희가 이 올라 온 사람을 보았느냐 참으로 이스라엘을 모욕하러 왔도다 그를 죽이는 사람은 왕이 많은 재물로 부하게 하고 그의 딸을 그에게 주고 그 아버지의 집을 이스라엘 중에서 세금을 면제하게 하시리라 (삼상 17:25)

정답: 많은 재물로 부하게 하고, 왕의 딸을 그에게 주고, 세금을 면제케 함.

3. 다윗은 무엇으로 골리앗을 상대하였고(삼상 17:49) 다윗은 누구를 의지하여 골리앗에게 나갔습니까? 또한, 전쟁을 주관하시는 분은 누구시라고 고백하고 있습니까?(삼상 17:45~47)

45 다윗이 블레셋 사람에게 이르되 너는 칼과 창과 단창으로 내게 나아 오거니와 나는 만군의 여호와의 이름 곧 네가 모욕하는 이스라엘 군대의 하나님의 이름으로 네게 나아가노라 46 오늘 여호와께서 너를 내 손에 넘기시리니 내가 너를 쳐서 네 목을 베고 블레셋 군대의 시체를 오늘 공중의 새와 땅의 들짐승에게 주어 온 땅으로 이스라엘에 하나님이 계신 줄 알게 하겠고 47 또 여호와의 구원하심이 칼과 창에 있지 아니함을 이 무리에게 알게 하리라 전쟁은 여호와께 속한 것인즉 그가 너희를 우리 손에 넘기시리라(삼상 17:45~49)

정답: 물매와 돌, 하나님

4. 다음 성경구절을 찾아 직접 적어봅시다.(삼상 17:45)

다윗이 블레셋 사람에게 이르되 너는 칼과 창과 단창으로 내게 나아 오거니와 나는 만군의 여호와의 이름 곧 네가 모욕하는 이스라엘 군대의 하나님의 이름으로 네게 나아가노라(사무엘상 17:45)

티칭포인트 | 이스라엘 2대 다윗왕

다윗은 성경인물들 중에서 '하나님의 마음에 합한 자' 라고 인정받았던 유일한 인물입니다. 그는 베들레헴 출신으로 이새의 여덟 아들 중 막내였습니다. 다윗은 목동시절에 하나님의 택함을 받아 사무엘에 의해 왕이 되도록 기름부음을 받았습니다.

목동시절 물맷돌 하나로 골리앗 장수를 이겼으나, 시기와 질투에 눈이 먼 사울 왕을 피해 도망자 신세가 되었습니다. 하지만 하나님의 이끄심으로 다윗은 30세에 이스라엘의 2대 왕이 됩니다. 다윗은 왕이 된 이후 많은 전쟁을 하게 되었는데 다윗은 오직 하나님을 위해서 전쟁을 하게 되었습니다.
사울 왕은 블레셋의 감시로 인해 무기조차 제대로 가질 수 없는 상황이었고, 사울이 죽을 때 이스라엘은 패전국이 되어, 블레셋의 압제 아래 블레셋의 종속국처럼 살고 있었습니다. 그런 상황 가운데 다윗은 이스라엘의 왕이 되었고, 성공적으로 정복전쟁에 승리했습니다. 다윗시대에는 이스라엘을 신정국가답게 정비하여 질서를 찾게 됩니다.

다윗은 주변의 많은 나라들과 철저한 정복전쟁을 벌인 이스라엘 역사상 가장 위대한 전쟁영웅이었습니다.
특별히, 다윗은 이스라엘의 오랜 숙적인 블레셋을 철저히 정복하였습니다. 또한, 다윗은 모압, 아람, 에돔을 정복하였고 이스라엘의 주변나라를 속국으로 만들어 조공을 바치게 했으며 다른 어떤 이유보다 하나님 나라를 견고히 세우기 위해 하나님을 의지하고, 또한 승리한 믿음의 왕이었습니다.
하나님은 그의 마음을 아셨습니다. 그래서 하나님께서는 사사시대부터 이스라엘을 괴롭혔던 나라들을 정복하게 하셨고, 강력한 이스라엘을 세우셨습니다.
하지만 하나님만 의지했던 다윗도 큰 죄를 범하게 됩니다. 바로, 우리아 장군의 아내 밧세바를 범한 사건입니다. 그 일로 다윗은 나단 선지자의 책망을 듣고 눈물을 흘리며 밤새도록 회개하여 죄 사함을 받습니다.
또한, 하나님의 뜻대로 살려고 노력했던 왕이었지만 하나님께서 금하신 인구조사를 강행하여 하나님의 진노를 받아 이스라엘 전체의 징벌을 받기도 하였고 무려 7만 명의 백성이 죽임당하기도 하였습니다.
또한, 법궤를 다윗 성으로 모셔왔고 법궤가 거할 성전을 짓고 싶어 했습니다. 하지만 하나님께서는 나단 선지자를 통해, 다윗은 피를 너무 많이 흘렸기 때문에 다윗이 성전 건축하는 것을 허락하지 않으셨습니다.

여호와의 말씀이 내게 임하여 이르시되 너는 피를 심히 많이 흘렸고 크게 전쟁하였느니라 네가 내 앞에서 땅에 피를 많이 흘렸은즉 내 이름을 위하여 성전을

건축하지 못하리라(대상 22:8)
하지만 다윗의 하나님을 향한 믿음과 마음으로 인해 굳건한 다윗왕조를 세워주시겠다고 약속하십니다.

네 집과 네 나라가 내 앞에서 영원히 보전되고 네 왕위가 영원히 견고하리라 하셨다 하라(삼하 7:16)

여호와께서 그의 종 다윗을 위하여 유다 멸하기를 즐겨하지 아니하셨으니 이는 그와 그의 자손에게 항상 등불을 주겠다고 말씀하셨음이더라(왕하 8:19)

다윗의 왕조를 이어가는 남 유다 역사에서 다윗자손이 끊길 위기에 처하게 되었을 때 대제사장 여호야다는 유일하게 살아남은 여덟 살의 요아스를 오직 한 가지 이유 때문에 왕으로 추대합니다. 그것은 다윗의 자손이라는 이유에서였습니다.
남 유다 왕들의 악행에도 불구하고 하나님께서는 다윗과 맺으신 언약 때문에 그들을 용서하시고 그 자손을 이어가셨습니다. 굴곡 많은 인생, 사울 왕에게 쫓기고 아들 압살롬에게 쫓기며 무수한 전쟁을 치러야 했던 다윗은 고단한 인생이었지만 늘 하나님과 함께한 삶이었습니다. 다윗은 40년간 이스라엘을 통치하였습니다.

티칭포인트 | 아낙자손의 전쟁 싸움꾼 골리앗 장군
골리앗 장군은 블레셋의 거인장수였습니다. 성경은 그의 키가 여섯 규빗 한 뼘의 크기였다고 자세히 기록하고 있는데 여기서 1규빗은 시대에 따라 다르긴 하지만 보통 성인 팔뚝만한 크기로 45.6cm 정도 되었습니다.
6규빗 한 뼘이었으니 계산해보면 대략 2m 93cm 정도 되었습니다. 그는 머리엔 놋 투구를 썼고 비늘갑옷을 입었으며 갑옷의 무게가 놋 오천 세겔이고(1세겔은 11.42g 이기에 그의 갑옷의 무게는 대략 57.1kg정도 됩니다.) 또한 다리는 녹각을 쳤고 어깨는 놋 단창을 메었으며 창자루는 베틀 채 같고 창날은 철 육백 세겔(대략 6.8kg)이나 되었습니다.

블레셋 민족은 바다를 건너온, 팔레스타인 남부 연안에 자리 잡은 민족입니다. B.C 1400년경에 다시 말해, 이스라엘이 애굽에서 출애굽하기 이전부터 블레셋 민족은 먼저 가나안에 뿌리를 내리고 있었던 민족이었습니다.
12명의 정탐꾼이 가나안을 정탐할 때 키가 장대한 아낙자손을 보았다고 보고하였는데 그 아낙자손의 후예가 골리앗으로 알려져 있습니다.

골리앗은 이스라엘 앞에서 하나님을 모욕하며 큰소리치는데, 하나님을 모욕한 블레셋 군대를 용서할 수 없었던 다윗은 물맷돌로 골리앗을 상대하게 됩니다.
하지만 다윗은 단순히 의협심만 가지고 나간 게 아니었습니다. 그는 만군의 여호와의 이름으로 네게 간다며 하나님을 의지하여 나아갔습니다.
그리고 결국, 하나님께서 다윗과 함께하심으로 거인 골리앗을 물맷돌로 이기게 하셨습니다.
그렇다면 다윗은 단지 골리앗 장군을 이겼을 뿐인데 왜 블레셋 군대는 더 이상 싸움을 하지 않고 도망쳤을까요?
이것은 고대세계에 대한 전쟁을 이해해야 합니다. 고대인들의 전쟁은 신들의 전쟁이라고 할 만큼 자신들이 믿는 신들을 앞세워 하는 전쟁이었습니다. 고대인들은 전쟁할 때 대표자를 앞장세워 승패를 결정짓곤 했는데 이러한 전쟁은 마술적인 힘이 있다고 여겼습니다. 또한, 전쟁은 신에 의해 결정된다고 믿었습니다. 그래서 각 전쟁의 대표가 지게 되면 패배를 인정하고 전면전을 감행하지 않는 경우가 많았다고 합니다.

나누고 실천하기

1) 나는 하나님이 보시기에 마음이 어떤 사람이라 생각하나요? 아니면 마음과 얼굴이 모두 예쁜 사람인가요? 자신의 생각을 적어보고 그렇게 생각한 이유에 대해서도 함께 나눠봅시다.

가이드 | 오늘 배운 다윗의 이야기를 비추어 자신은 하나님 앞에 어떠한 사람인지 스스로 생각해보도록 인도해주세요.

2) 주변에 3명 이상의 친구들에게서 내게 부족한, 닮고 싶은 선한 성품을 찾아보고 그 친구들에게 칭찬카드를 써줍시다.

한줄 정리하기 • 한 과를 마치고 난 소감을 한줄로 기록해봅시다.

Lesson5 | **다윗왕2**

5. 간절히 회개한 다윗

[공과목표]

1. 다윗의 밧세바 간음사건의 발단, 과정 결과를 잘 가르치고 이해시킨다.
2. 다윗이 용서받을 수 있었던 이유를 잘 설명하고 늘 회개의 삶을 살도록 가르친다.

마음열기

내 마음 안에 아직 해결되지 못한 죄가 있나요?
있다면 아직 해결하지 못하는 가장 큰 이유는 무엇인가요?

[질문] 내 마음 안에 아직 해결되지 못한 죄가 있나요? 있다면 아직 해결하지 못하는 가장 큰 이유는 무엇인가요?

설명 | 우리는 예수 그리스도를 통하여 죄를 사함 받고 영생을 얻는 복을 누리게 되었습니다. 그렇기 때문에 우리는 더 이상 정죄함을 당하지 않고 주님의 은혜로 말미암아 의롭다 하심을 얻게 되었지요. 그런데 우리는 우리의 생각과 판단대로 우리가 지은 큰 죄나 부끄러운 죄를 하나님 앞에 가지고 나아가지 못하여 회개하지 못한 채 죄의 괴로움 속에 몸부림칠 때가 있습니다. 학생들과 함께 나눌 때에 회개하지 못한 죄가 구체적으로 무엇인지 나누려고 하기보다 우리의 죄를 예수 그리스도의 보혈의 피로 도말하여 주신 주님의 은혜를 설명해주시면서 오늘 배울 내용으로 이어가시면 좋습니다.

말씀 살피기

사무엘상 18장 6~16절 말씀을 읽고 질문에 답을 해봅시다.

6. 무리가 돌아올 때 곧 다윗이 블레셋 사람을 죽이고 돌아올 때에 여인들이 이스라엘 모든 성
읍에서 나와서 노래하며 춤추며 소고와 경쇠를 가지고 왕 사울을 환영하는데 7.여인들이 뛰놀며
노래하여 이르되 사울이 죽인 자는 천천이요 다윗은 만만이로다 한지라 8.사울이 그 말에 불쾌
하여 심히 노하여 이르되 다윗에게는 만만을 돌리고 내게는 천천만 돌리니 그가 더 얻을 것이 나
라 말고 무엇이냐 하고 9.그 날 후로 사울이 다윗을 주목하였더라 10.그 이튿날 하나님께서 부리
시는 악령이 사울에게 힘 있게 내리매 그가 집 안에서 정신 없이 떠들어대므로 다윗이 평일과 같
이 손으로 수금을 타는데 그 때에 사울의 손에 창이 있는지라 11.그가 스스로 이르기를 내가 다
윗을 벽에 박으리라 하고 사울이 그 창을 던졌으나 다윗이 그의 앞에서 두 번 피하였더라 12.여
호와께서 사울을 떠나 다윗과 함께 계시므로 사울이 그를 두려워한지라 13.그러므로 사울이 그
를 자기 곁에서 떠나게 하고 그를 천부장으로 삼으매 그가 백성 앞에 출입하며 14.다윗이 그의
모든 일을 지혜롭게 행하니라 여호와께서 그와 함께 계시니라 15.사울은 다윗이 크게 지혜롭게
행함을 보고 그를 두려워하였으나 16.온 이스라엘과 유다는 다윗을 사랑하였으니 그가 자기들 앞
에 출입하기 때문이었더라

1. 사울 왕이 다윗을 죽이려 했던 이유는 무엇입니까?(삼상 18:6~11)

정답: 여인들이 자신보다 다윗을 더 칭찬하는 말에 불쾌하여 화가 났으며, 하나님이 부리시는 악한 영에 의해 다윗을 죽이려 했다.

2. 사울이 다윗을 두려워한 이유는 무엇입니까? (삼상 18:12~16)

정답: 여호와께서 사울을 떠나 다윗과 함께 하시고 다윗이 모든 일을 지혜롭게 행했기 때문이었다.

[어떻게 가르칠까?]

사울왕이 다윗을 시기 질투하여 죽이려한 이유를 잘 설명해줍니다.
또한, 밧세바 간음사건이 어떻게 일어나게 되었고, 다윗은 선지자 나단의 책망을 듣고 어떻게 행동했는지를 잘 설명해주세요.
다윗은 철저한 회개기도를 드림으로 용서받았지만, 그런 죄로 인해 말년에 평탄치 못한 삶을 살게되었습니다. 이를 통해 죄를 지으면 반드시 회개하여 용서를 받아야 하지만, 그러기 전에 죄된 행동에 머물러서는 안된다는 사실을 잘 설명해 주세요.

티칭포인트 | 다윗을 죽이려 한 사울 왕

사울왕은 다윗의 높은 인기와 지혜로움에 큰 질투를 넘어서 다윗이 자신의 왕권을 탈취하게 될 것이라는 일종의 강박관념을 갖고 있었습니다.
무엇보다 여호와께서 자신을 떠나 다윗에게 향하셨음을 알고 더욱더 다윗을 두려워하기 시작했습니다. 그 결과, 다윗은 자신을 죽이려는 사울을 피해 일종의 정치적 망명생활을 하게 됩니다. 사울은 다윗을 죽이기 위해 쫓고, 다윗은 이를 피해 도망치는 내용이 사무엘상 20장~30장까지의 내용입니다.

다윗은 사울이 점차 포위망을 좁혀오자 적국의 땅인 블레셋까지 도망하게 됩니다. 그리고 거기서 미친 척하며 침을 질질 흘리는 연기(삼상 21:13)까지 할 정도로 비참한 생활을 하였습니다.
하지만 다윗은 하나님께서 함께하는 자였습니다. 자신을 죽이러 찾아온 사울을 엔게디 광야와 십 광야에서 죽일 수 있는 기회가 두 번이나 있었지만, 죽이지 않았습니다. 이것은 기름부어 세운 왕은 오직 하나님만이 심판하실 수 있다는 믿음에서 나온 행동이었던 것입니다.

[알고 넘어가기] 밧세바 간음 사건

[말씀살피기]

사무엘하 11장 1~27절 말씀을 읽고 질문에 답을 해봅시다.

1 그 해가 돌아와 왕들이 출전할 때가 되매 다윗이 요압과 그에게 있는 그의 부하들과 온 이스
라엘 군대를 보내니 그들이 암몬 자손을 멸하고 랍바를 에워쌌고 다윗은 예루살렘에 그대로 있
더라 2 저녁 때에 다윗이 그의 침상에서 일어나 왕궁 옥상에서 거닐다가 그 곳에서 보니 한 여
인이 목욕을 하는데 심히 아름다워 보이는지라 3 다윗이 사람을 보내 그 여인을 알아보게 하였
더니 그가 아뢰되 그는 엘리암의 딸이요 헷 사람 우리아의 아내 밧세바가 아니니이까 하니 4 다
윗이 전령을 보내어 그 여자를 자기에게로 데려오게 하고 그 여자가 그 부정함을 깨끗하게 하였
으므로 더불어 동침하매 그 여자가 자기 집으로 돌아가니라 5 그 여인이 임신하매 사람을 보내
다윗에게 말하여 이르되 내가 임신하였나이다 하니라 6 다윗이 요압에게 기별하여 헷 사람 우리
아를 내게 보내라 하매 요압이 우리아를 다윗에게로 보내니 7 우리아가 다윗에게 이르매 다윗이
요압의 안부와 군사의 안부와 싸움이 어떠했는지를 묻고 8 그가 또 우리아에게 이르되 네 집으
로 내려가서 발을 씻으라 하니 우리아가 왕궁에서 나가매 왕의 음식물이 뒤따라 가니라 9 그러
나 우리아는 집으로 내려가지 아니하고 왕궁 문에서 그의 주의 모든 부하들과 더불어 잔지라 10
어떤 사람이 다윗에게 아뢰되 우리아가 그의 집으로 내려가지 아니하였나이다 다윗이 우리아에
게 이르되 네가 길 갔다가 돌아온 것이 아니냐 어찌하여 네 집으로 내려가지 아니하였느냐 하니
11 우리아가 다윗에게 아뢰되 언약궤와 이스라엘과 유다가 야영 중에 있고 내 주 요압과 내 왕의
부하들이 바깥 들에 진 치고 있거늘 내가 어찌 내 집으로 가서 먹고 마시고 내 처와 같이 자리
이까 내가 이 일을 행하지 아니하기로 왕의 살아 계심과 왕의 혼의 살아 계심을 두고 맹세하나
이다 하니라 12 다윗이 우리아에게 이르되 오늘도 여기 있으라 내일은 내가 너를 보내리라 우리
아가 그 날에 예루살렘에 머무니라 이튿날 13 다윗이 그를 불러서 그로 그 앞에서 먹고 마시고
취하게 하니 저녁 때에 그가 나가서 그의 주의 부하들과 더불어 침상에 눕고 그의 집으로 내려
가지 아니하니라 14 아침이 되매 다윗이 편지를 써서 우리아의 손에 들려 요압에게 보내니 15
그 편지에 써서 이르기를 너희가 우리아를 맹렬한 싸움에 앞세워 두고 너희는 뒤로 물러가서 그
로 맞아 죽게 하라 하였더라 16 요압이 그 성을 살펴 용사들이 있는 것을 아는 그 곳에 우리아
를 두니 17 그 성 사람들이 나와서 요압과 더불어 싸울 때에 다윗의 부하 중 몇 사람이 엎드러
지고 헷 사람 우리아도 죽으니라 18 요압이 사람을 보내 그 전쟁의 모든 일을 다윗에게 보고할
새 19 그 전령에게 명령하여 이르되 전쟁의 모든 일을 네가 왕께 보고하기를 마친 후에 20 혹시
왕이 노하여 네게 말씀하기를 너희가 어찌하여 성에 그처럼 가까이 가서 싸웠느냐 그들이 성 위
에서 쏠 줄을 알지 못하였느냐 21 여룹베셋의 아들 아비멜렉을 쳐죽인 자가 누구냐 여인 하나가
성에서 맷돌 위짝을 그 위에 던지매 그가 데벳스에서 죽지 아니하였느냐 어찌하여 성에 가까이
갔더냐 하시거든 네가 말하기를 왕의 종 헷 사람 우리아도 죽었나이다 하라 22 전령이 가서 다
윗에게 이르러 요압이 그를 보낸 모든 일을 다윗에게 아뢰어 23 이르되 그 사람들이 우리보다
우세하여 우리를 향하여 들로 나오므로 우리가 그들을 쳐서 성문 어귀까지 미쳤더니 24 활 쏘는

자들이 성 위에서 왕의 부하들을 향하여 쏘매 왕의 부하 중 몇 사람이 죽고 왕의 종 헷 사람 우리아도 죽었나이다 하니 25 다윗이 전령에게 이르되 너는 요압에게 이같이 말하기를 이 일로 걱정하지 말라 칼은 이 사람이나 저 사람이나 삼키느니라 그 성을 향하여 더욱 힘써 싸워 함락시키라 하여 너는 그를 담대하게 하라 하니라 26 우리아의 아내는 그 남편 우리아가 죽었음을 듣고 그의 남편을 위하여 소리내어 우니라 27 그 장례를 마치매 다윗이 사람을 보내 그를 왕궁으로 데려오니 그가 그의 아내가 되어 그에게 아들을 낳으니라 다윗이 행한 그 일이 여호와 보시기에 악하였더라

1. 다윗이 범한 밧세바는 어떤 여인이었는가?(삼하 11:3)
정답: 엘리암의 딸이자 헷 사람 우리아의 아내로 남편이 있는 유부녀였다.

2. 밧세바의 남편인 우리아는 어떤 사람이었는가?(삼하 11:7~11)
정답: 왕에 대한 충성심과 부하에 대한 사랑이 많았던 자였다.

3. 다윗은 우리아를 어떻게 죽게 하였나?(삼하 11:14~15)
정답: 전쟁이 치열한 최전방에 보내어 죽게 했다.

4. 나단 선지자의 책망을 통해 다윗은 어떻게 행동했나?(삼하 12:13)
정답: 자신이 범죄한 일을 시인하였고 회개하였다.

티칭포인트 | 다윗의 왕권과 밧세바 사건

늘 하나님을 섬겼던 다윗도 치명적인 죄의 유혹에 빠진 적이 있었습니다. 다윗왕은 40년간 통일 이스라엘의 왕위에 있었습니다. 사울에게 쫓기던 다윗은 사울이 죽고 난 이후 헤브론에서 유다지파의 추대를 받아 왕으로 등극합니다. 여기서 7년 6개월간 통치하게 됩니다.

하지만 사울의 군대 장군이었던 아브넬이 사울의 못난 아들 이스보셋을 꼭두각시 왕으로 세우고 자신이 왕권을 장악하려 합니다. 아브넬이 이스보셋을 앞세워 유다민족을 지배하고 싶었던 것입니다.

하지만 하나님은 이들을 심판하시고 다윗을 온 이스라엘의 왕으로 세우십니다. 그때 다윗의 나이는 30세였습니다.

아브넬이 죽임을 당하자, 이제 다윗을 견제하는 세력도 사라지게 되었습니다. 그리고 이스라엘 12지파를 다윗이 모두 통솔할 수 있었습니다.
또한, 다윗은 하나님의 은혜로 전쟁하는 곳마다 승리를 맛보게 되었습니다.
그 이후로 강력한 중앙집권적 왕권이 확립되었고 에돔, 모압, 암몬, 아람, 다메섹 등 주변 나라를 정복하여 조공을 바치는 왕국들을 만들어 갔습니다.
또한 주변나라와 화친으로 이스라엘은 안정적인 나라, 막강한 힘이 있는 나라가 되었습니다. 하나님께서 함께하셨기 때문에 다윗은 어떤 일을 만나든지 승리할 수 있었던 것입니다.

만군의 하나님 여호와께서 함께 계시니 다윗이 점점 강성하여 가니라(삼하 5:10)

하지만 다윗은 죄를 범함으로 인해 큰 시련과 고통을 겪게 됩니다. 다윗은 자신의 장수인 우리아의 아내 밧세바를 범한 것도 모자라 그 죄를 은폐하기 위해 우리아를 전쟁 최전방으로 보내 죽게 하는 살인방조의 죄를 저질렀습니다.
아무리 왕이라 해도 지켜야 할 법과 책임이 있는데, 그는 이것을 무시하고 권력을 남용했던 것입니다.
하지만 다윗이 사울과 달리 하나님께 용서받을 수 있었던 이유는 철저히 자신의 잘못을 인정하고 눈물로 죄를 회개했다는 점입니다.
나단선지자가 다윗의 죄악을 지적하고 책망하자 다윗은 이를 받아들이고 철저히 회개했습니다. 하지만 그 이후, 다윗은 큰 고통과 시련의 삶을 살았습니다.
사랑하는 어린 아들이 죽게 되었고, 자식들 간에 벌어진 근친상간과 살인, 자신의 왕권에 도전하는 압살롬의 반역 등으로 늘 고난과 고통의 연속이었습니다.
그것은 다윗 개인의 고통뿐만 아니라 이스라엘의 전체적인 수난기였습니다.(삼하 12:1~24:25)

나누고 실천하기

1) 내가 지은 죄를 감추기 위해 또 다시 죄를 지었다가 오히려 일이 커졌던 적이 있나요? 있었다면 그때 그 일은 어떻게 해결되었나요?

가이드 | TV 드라마에 자주 나오는 장면이 있습니다. 가난한 집안의 여자가 부자 집안의 남자와 만나며 가난을 숨기기 위해 처음엔 거짓말을 하다가 그 거짓말이 점점 걷잡을 수 없이 커지게 되는 경우가 그렇죠. 하나님 앞에서 우리의 모습도 이와 같습니다. 한 가지 죄를 감추기 위해 열 가지의 죄를 짓게 되는 아이러니한 경우 말이죠. 나눌 수 있는 학생들의 이야기를 들어 주시면서 그러한 일들이 결국엔 하나님 앞에 고백함으로 나아가 회개했을 때 용서를 받을 수 있고 진정한 자유를 얻게 된다는 것을 알려주세요.

2) 자유함 누리기 / 간증문 쓰기

한줄 정리하기 • 한 과를 마치고 난 소감을 한줄로 기록해봅시다.

Lesson6 | **솔로몬왕1**

6. 하나님께 드린 통큰 제사 '일천번제'

[공과목표]

1. 솔로몬이 드린 일천번제를 이해하고 온전한 예배를 드리도록 가르친다.
2. 다윗을 통한 하나님의 약속을 이해하고 솔로몬시대의 시대적 상황을 이해시킨다.

마음열기

내가 지금 하나님께 드릴 수 있는 가장 소중한 것은 무엇인가요?

[질문] 내가 지금 하나님께 드릴 수 있는 가장 소중한 것은 무엇인가요?

설명 | 나에게 가장 소중한 것은 모두 다를 것입니다. 그것이 구체적으로 지금 가지고 있는 용돈 전부일 수도 있고 아니면 노트북이나 핸드폰처럼 자신이 가장 가치를 두고 있는 것이겠지요. 그런데 그러한 소중한 것을 하나님께 드린다는 것은 내가 가지고 있는 가장 가치있는 것보다 하나님을 너욱 사랑하고 하나님을 사랑하는 삶을 더욱 가치있는 삶으로 여기는 마음이 아닐까 싶습니다. 아이들이 나누는 소중한 것의 종류보다 아이들이 그것을 하나님께 드릴 수 있다고 생각한 이유에 집중하여 들어주시면서 오늘의 이야기로 넘어가주시면 좋습니다.

말씀살피기

열왕기상 2장 1~4절 말씀을 읽고 질문에 답을 해봅시다.

1 다윗이 죽을 날이 임박하매 그의 아들 솔로몬에게 명령하여 이르되 2 내가 이제 세상 모든 사람이 가는 길로 가게 되었노니 너는 힘써 대장부가 되고 3 네 하나님 여호와의 명령을 지켜 그 길로 행하여 그 법률과 계명과 율례와 증거를 모세의 율법에 기록된 대로 지키라 그리하면 네가 무엇을 하든지 어디로 가든지 형통할지라 4 여호와께서 내 일에 대하여 말씀하시기를 만일 네 자손들이 그들의 길을 삼가 마음을 다하고 성품을 다하여 진실히 내 앞에서 행하면 이스라엘 왕위에 오를 사람이 네게서 끊어지지 아니하리라 하신 말씀을 확실히 이루게 하시리라

1. 임종이 임박한 다윗은 솔로몬에게 어떤 유언을 남겼는가?
정답: 대장부가 되라, 여호와 명령을 지켜라

2. 하나님은 생전에 다윗에게 어떤 약속을 하셨나요?

네 집과 네 나라가 내 앞에서 영원히 보전되고 네 왕위가 영원히 견고하리라 하셨다 하라(삼하 7:16)

여호와께서 그의 종 다윗을 위하여 유다 멸하기를 즐겨하지 아니하셨으니 이는 그와 그의 자손에게 항상 등불을 주겠다고 말씀하셨음이더라(왕하 8:19)

정답: 다윗의 왕위가 영원히 견고히 설 것과 자손의 번영을 약속하셨다.

3. 솔로몬이 왕위에 오를 때 이스라엘의 상황은 어떠했습니까? 성경말씀을 찾아 읽어보고 기록해 봅시다.(왕상 2:12, 대하 9:26~27)

솔로몬이 그의 아버지 다윗의 왕위에 앉으니 그의 나라가 심히 견고하니라(왕상 2:12)

솔로몬이 유브라데 강에서부터 블레셋 땅과 애굽 지경까지의 모든 왕을 다스렸으며 왕이 예루살렘에서 은을 돌 같이 흔하게 하고 백향목을 평지의 뽕나무 같이 많게 하였더라(대하 9:26~27)

정답: 솔로몬이 왕이 되었을 때 이스라엘은 심히 견고해졌고, 나라는 부강하였으며 유브라데 강에서 블레셋 땅과 애굽 지경까지 모든 왕들을 다스렸다.

[어떻게 가르칠까?]

솔로몬은 하나님께 일천번제를 드림으로 큰 지혜를 얻게 됩니다. 이런 내용을 잘 설명해주고, 하나님께 우리가 어떻게 예배드려야하고, 어떻게 기도해야 할지 잘 설명해 주세요. 또한, 솔로몬의 일천번제를 통해 그 마음을 보셨던 하나님께서 원하지도 않은 소원을 들어주셨던 것처럼 하나님과 늘 소통하고 그 뜻대로 실천하며 살아가면 하나님께서 형통한 길로 이끌어 주신다는 사실을 잘 설명해 주세요.

[알고 넘어가기] 솔로몬이 지혜를 구함, 일천번제

열왕기상 3장 4~15절 말씀을 읽고 질문에 답을 해봅시다.

4. 이에 왕이 제사하러 기브온으로 가니 거기는 산당이 큼이라 솔로몬이 그 제단에 일천 번제를
드렸더니 5.기브온에서 밤에 여호와께서 솔로몬의 꿈에 나타나시니라 하나님이 이르시되 내가
네게 무엇을 줄꼬 너는 구하라 6. 솔로몬이 이르되 주의 종 내 아버지 다윗이 성실과 공의와 정
직한 마음으로 주와 함께 주 앞에서 행하므로 주께서 그에게 큰 은혜를 베푸셨고 주께서 또 그
를 위하여 이 큰 은혜를 항상 주사 오늘과 같이 그의 자리에 앉을 아들을 그에게 주셨나이다 7.
나의 하나님 여호와여 주께서 종으로 종의 아버지 다윗을 대신하여 왕이 되게 하셨사오나 종은
작은 아이라 출입할 줄을 알지 못하고 8.주께서 택하신 백성 가운데 있나이다 그들은 큰 백성이
라 수효가 많아서 셀 수도 없고 기록할 수도 없사오니 9. 누가 주의 이 많은 백성을 재판할 수
있사오리이까 듣는 마음을 종에게 주사 주의 백성을 재판하여 선악을 분별하게 하옵소서 10. 솔
로몬이 이것을 구하매 그 말씀이 주의 마음에 든지라 11. 이에 하나님이 그에게 이르시되 네가
이것을 구하도다 자기를 위하여 장수하기를 구하지 아니하며 부도 구하지 아니하며 자기 원수의
생명을 멸하기도 구하지 아니하고 오직 송사를 듣고 분별하는 지혜를 구하였으니 12. 내가 네 말

대로 하여 네게 지혜롭고 총명한 마음을 주노니 네 앞에도 너와 같은 자가 없었거니와 네 뒤에도 너와 같은 자가 일어남이 없으리라 13. 내가 또 네가 구하지 아니한 부귀와 영광도 네게 주노니 네 평생에 왕들 중에 너와 같은 자가 없을 것이라 14. 네가 만일 네 아버지 다윗이 행함 같이 내 길로 행하며 내 법도와 명령을 지키면 내가 또 네 날을 길게 하리라 15. 솔로몬이 깨어 보니 꿈이더라 이에 예루살렘에 이르러 여호와의 언약궤 앞에 서서 번제와 감사의 제물을 드리고 모든 신하들을 위하여 잔치하였더라

1. 솔로몬은 하나님께 어떤 제사를 드렸나요?(열왕기상 3:4)
정답: 일천번제

티칭포인트 | 솔로몬의 통큰 제사 '일천번제'
솔로몬이 드린 일천번제는 제사를 천 번 드렸다는 의미가 아닙니다. 한 번에 천 마리의 소를 잡아 드린 성대한 제사를 말합니다. 교회에서도 하나님께 일천번제 헌금을 드리는데 그 헌금의 의미를 여기서 찾고 있는지 모르겠지만, 그렇다면 결코 옳은 방법은 아니겠지요.
또한, 하나님께서는 솔로몬이 정성껏 드린 제사에 감동하여 솔로몬에게 나타나신 것이지, 크고 화려한 성대한 제사를 드려서가 아님을 기억해야 할 것입니다.

2. 하나님께서 솔로몬에게 나타나셔서 무엇을 네게 줄지 물었을 때, 솔로몬은 무엇을 달라고 했나요?(열왕기상 3:9)
정답: 듣는 마음을 주어 백성을 재판할 때 선악을 분별할 지혜를 달라고 구하였다.

3. 하나님께서는 솔로몬이 구한 것 이외에 또 어떤 것을 주셨나요?(열왕기상 3:13~14)
정답: 구하지 아니한 부귀와 영광도 주셨고, 최고의 왕이 되게 하시겠다고 말씀하셨다.

4. 다음 성경말씀을 읽고 당시 솔로몬 시대 나라가 어떠했는지 서로 이야기를 나눠봅시다(왕상 4:20~34).

티칭포인트 | 솔로몬 왕

다윗은 가장 강력한 국가를 세웠지만, 그의 개인적인 삶은 늘 고통과 고난의 삶이었습니다. 늘 전쟁에 시달려야 했고 자신을 죽이려 했던 사울 왕이나 아들 압살롬의 반역으로 파란만장한 삶을 살아야 했던 굴곡 많은 인생이었습니다.

그리고 이제 파란만장한 다윗의 삶이 끝나고 그의 아들 솔로몬이 3대 왕으로 등극하게 됩니다. 다윗은 하나님이 주신 힘과 능력으로 나라를 부강하게 만들었습니다. 그래서 솔로몬이 왕위로 올랐을 때 이스라엘은 그 지방에서 가장 강력한 나라로 우뚝 설 수 있게 되었습니다.

솔로몬은 이스라엘 3대 왕으로 다윗 왕이 우리아의 아내 밧세바를 취하여 낳은 아들입니다. 그는 이스라엘 영토를 가장 넓게 확장시켰으며, 이스라엘 역사상 최고의 물질적 번영을 누리는 왕국을 건설하였고 40년간을 통치했습니다(B.C. 970-930년). 또한 솔로몬은 하나님으로부터 지혜를 구하여 매우 지혜롭고 명철한 왕이었습니다. 3천여 개의 잠언과 1,000여 개의 노래를 짓기도 했고 아가서, 잠언, 전도서, 두 편의 시편(시 72편, 127편)등의 저자이기도 합니다. 솔로몬은 재위 동안 성전을 건축하고 왕궁을 지었으며, 건축비를 마련하기 위해 외국 무역을 장려하고 군대를 확충하여 이방을 정복하기도 했습니다.

솔로몬시대 때는 단순히 나라만 부강한 것이 아니라, 주변 나라들을 정복하여 그 나라들로부터 조공을 받았기에 가장 막강한 부와 권력을 누렸던 시대였습니다. 군사력 또한 막강했습니다. 병거가 1천4백 대, 마병이 1만2천 명(대하 1:14), 군마를 위한 마구간이 4천 개나 될 정도였습니다(대하 9:25). 하지만 이것은 하나님 보시기에 옳지 않은 일이었습니다. '힘은 군사력(말)을 의지하지 말라'는 하나님의 경고를 무시한 정책들이었습니다(신 17:16).

솔로몬은 말년으로 갈수록 하나님의 뜻대로 행하지 않았습니다.

솔로몬은 말년에 영적 분별력을 상실하고 정치적 실리을 추구하며 방탕한 생활에 빠져들어 타락의 길을 걷게 되었습니다. 솔로몬이 타락의 길을 걷게 된 근본적인 원인은 정략적 결혼을 통해 많은 이방여인들을 아내로 삼고 결과적으로 그 이방여인들의 종교와 우상까지 허용한 것입니다. 그 결과, 이스라엘은 영적 부패를 낳게 되었고 신앙의 혼합주의를 초래하게 되었습니다. 결국 솔로몬의 말기이후 이스라엘은 파국으로 치닫게 됩니다.

나누고 실천하기

1) 솔로몬이 마음을 다하여 제사를 드렸을 때, 그가 구하지 않은 것까지도 주신 하나님의 모습을 볼 때, 이처럼 내가 기도한 것보다 더 많이 들어주신 적이 있나요? 있다면 구체적으로 나누어봅시다.

가이드 | 하나님께서는 예전이나 지금이나 동일하신 분이시며 사랑이 많으신 분이십니다. 하나님께서 부어주신 은혜를 다시 되새겨보면 그때 느끼지 못했던 또 다른 은혜를 발견하게 될 것입니다. 하나님의 은혜를 깊이 묵상하며 하나님께 감사하는 학생들이 되도록 인도해주세요.

2) 받은 은혜는 나눌 때 더욱 커집니다. 아래의 칸에 하나님께 받은 은혜를 적어보고 나의 주변 사람들에게 그 은혜를 나눌 수 있는 방법을 적어봅시다.

한줄 정리하기 • 한 과를 마치고 난 소감을 한줄로 기록해봅시다.

하나님을 제대로 아는 방법은 오직 계시 된 말씀인 성경을 통해서만 가능합니다. 성경을 배우고 묵상해야 하는 이유가 여기 있습니다.

[나의 소감]

Lesson7 | **솔로몬왕2**

7. 찬란하고 화려하도다

[공과목표]

1. 솔로몬 성전을 건축한 과정을 알고, 성전의 구조의 의미를 이해시킨다.
2. 솔로몬이 타락하게된 원인과 결과를 잘 설명해 준다.

마음열기

내가 '하고 싶은 일'과 내가 '해야만 하는 일'의 차이점은 무엇일까요?

[질문] 내가 '하고 싶은 일'과 내가 '해야만 하는 일'의 차이점은 무엇일까요?

설명 | '하고 싶은 일'과 '해야만 하는 일'의 가장 큰 차이점은 하고 싶은 일은 주관적인 생각과 판단에 따를 때가 많지만 해야만 하는 일은 주관적이지 않기 때문에 내가 하기 싫어도 해야 하는 일이라는 것입니다. 반대로 내가 '하지 않아도 될 일'과 '해서는 안 될 일'이라는 질문에 대한 대답도 마찬가지일 것입니다.
학생들과 함께 그 차이점을 다양하게 나눠보시면서 솔로몬이 죄를 지은 이유가 무엇인지 생각해볼 수 있도록 도와주세요.

말씀 살피기

아래 성경 말씀을 읽고 질문에 답을 해봅시다.

1. 하나님께서는 다윗에게 누가 성전건축을 하게 될 것이라고 말씀하셨나요? 또한 솔로몬이 성전건축을 하려는 이유는 무엇이었나요?

여호와께서 내 아버지 다윗에게 하신 말씀에 내가 너를 이어 네 자리에 오르게 할 네 아들 그가 내 이름을 위하여 성전을 건축하리라 하신 대로 내가 내 하나님 여호와의 이름을 위하여 성전을 건축하려 하오니(왕상 5:5)

정답: 솔로몬 왕, 여호와의 이름을 위하여

2. 성전건축 설계도는 어떻게 완성되었나요? 또한, 이 설계도는 누가 누구에게 주었나요?

다윗이 이르되 여호와의 손이 내게 임하여 이 모든 일의 설계를 그려 나에게 알려 주셨느니라(대상 28:19)

다윗이 성전의 복도와 그 집들과 그 곳간과 다락과 골방과 속죄소의 설계도를 그의 아들 솔로몬에게 주고 또 그가 영감으로 받은 모든 것 곧 여호와의 성전의 뜰과 사면의 모든 방과 하나님의 성전 곳간과 성물 곳간의 설계도를 주고(대상 28:11~12)

정답: 하나님이 직접 다윗의 손을 빌어 설계하여 그려주셨다. 이 설계도는 다윗이 솔로몬에게 주었다.

3. 아래 그림은 성전의 모형입니다.

1) 언약궤안에 들어있는 것은 무엇이었습니까?
정답: 아론의 싹난 지팡이, 두 돌판, 만나

2) 예수님이 십자가에 달리실때 성소와 지성소사이의 휘장이 찢긴 사건이 있는데 이 사건은 어떤 의미가 있습니까?
정답: 예수님의 구속의 보혈을 힘입어 죄인도 우리도 하나님께 나아갈 길을 열어주셨음을 상징한다.

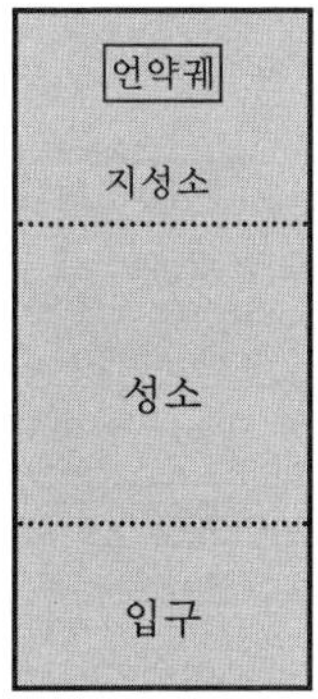

[어떻게 가르칠까?]
솔로몬 성전의 구조와 의미를 잘 설명해주고 이 성전이 예수님의 십자가 사건과 어떤 관련성이 있는지 잘 설명해주세요. 또한, 예수님의 십자가의 구속사건으로 옛 약속이 허물어지고 예수님께서 새로운 언약을 세워주셨음을 잘 이해시켜 주시기 바랍니다. 또한, 솔로몬이 말년에 타락한 이유가 무엇이고 그로 인해 어떤 결과를 가져오게 되었는지 잘 이해 시켜 주세요.

티칭포인트 | '예수님' 과 '성전' 의 관계성
구약시대 성전은 하나님의 임재의 장소로 죄인이 하나님께 용서받고 다시 하나님께로 나아가는 유일한 길이었습니다. 또한, 성전은 메시아로 오신 예수님을 예표하는 그림자였습니다.(요 2:21)
성소는 크게 지성소와 성소 그리고 입구로 구분되어있습니다. 지성소안에는 휘장으로 성소와 구분되어 있고 그 안에는 언약궤가 있었습니다. 언약궤는 하나님의 임재를 상징하는 상자로서, 언약(십계명)의 두 돌판을 보관했다는 점에서 언약궤라 불렸습니다(출 25:21~22). 언약궤는 조각목(아카시아나무)으로 만들어졌고(출 25:10), 길이는 두 규빗 반(약 114㎝), 높이와 너비는 각각 한 규빗 반(약 68㎝)으로 된 장방형의 상자로, 그 위에 순금판을 덧씌웠으며, 상단에는 테를, 옆면에는 운반용 막대를 낄 수 있는 고리를 부착했습니다. 궤의 뚜껑으로 쓰는 순금판은 하나님과 사람이 만나는 은혜의 장소인 '속죄소' (시은좌)라 불리었고(출 30:6; 민 7:89), 그 양쪽 끝에는 금으로 만든 그룹(날개를 가진 천사 모양의 조각상)이 서로 대하여 있도록 만들어졌습니다(출 25:10~22). 이 지성소에서는 대제사장은 백성들을 대신하여 해마다 속죄하였습니다. 지성소는 아무나, 아무때나 들어가지 못하였고 만일, 들어갈 때는 속죄의 피를 가지고 대제사장만이 들어갈 수 있었습니다.
이 지성소는 예수 그리스도에 의해 행해진 구원의 상징이기도 합니다. 예수 그리스도가 십자가에서 죽을 때 성소의 휘장이 찢어졌는데, 이로 말미암아 예수 그리스도의 보혈에 힘입어 죄 많은 우리도 회개하고 예수님을 믿게 되면 담대히 지성소로 들어갈 수있는 담력을 주셨다 기록하고 있습니다. 성소는 '거룩하게 구별된 장소' (시 150:1), 하나님께서 자기 백성들 가운데 거하기 위하여 택하신 장소(시 114:2; 사 8:14; 겔 11:19)를 의미하고 하나님께 예배 드리는 거룩한 처소입니다.
그곳에는, 하나님께 제사드리는 데 사용되는 진설병상, 분향단, 등대와 같은 성물이 놓여 있습니다. 성소는 하나님께 예배드리는 처소인 동시에, 하나님께서 능력과 은총을 행

사하시는 영역을 가리키기도 합니다.

티칭포인트 | 성전건축의 역사와 솔로몬 성전

수많은 전쟁으로 인해 많은 사람들의 피가 가득한 다윗의 손으로 성전을 세우는 것을 거절하셨던 하나님은 그의 아들 솔로몬을 통해 성전을 건축하게 하셨습니다.하지만 다윗왕은 성전건축에 필요한 설계도를 하나님으로부터 직접 받았고 성전건축에 필요한 재료도 준비했습니다.

성전은 하나님의 거룩한 지상임재 처소이자, 백성들이 하나님 앞에 나아가 예배를 드리는 공식적인 처소였습니다. 이 성전은 역사상 세 차례에 걸쳐 지어졌습니다. 첫 번째는 솔로몬이 세운 최초의 성전입니다. 가장 화려했고 많은 황금으로 제작되어 황금성이라 불리기도 했습니다. 하지만 후에 바벨론 군대에 의해 불태워지게 되었습니다(왕하 25:8-17; 렘 52:12-23). 이후 바벨론 포로생활이 지난 뒤 본토로 귀환한 유다인들은 다시 성전을 재건하였는데 이 성전은 스룹바벨이 세운 성전으로 스룹바벨 성전이라 불렸습니다.

하지만 그 모습이 솔로몬 성전만 하지 못하여 많은 백성들은 실망했습니다. 이 스룹바벨 성전은 B.C. 63~62년에 로마에 의해 완전히 유린되었습니다. 그 후 헤롯 대왕이 B.C. 20년부터 재건하여 헤롯 사후 A.D. 64년에 완공된 이 성전은 세 번째 지어진 헤롯 성전이었습니다.

이 성전은 웅대하고 화려했지만 예수님의 예언대로(막 13:1~2) 완공된 지 6년 뒤인 A.D. 70년에 디도(Titus)가 이끄는 로마 군대에 의해 예루살렘이 함락될 때 함께 불타버렸습니다. 성전은 구속사적으로 볼 때, 죄인이 하나님께 나아가는 유일한 길이 되신 예수 그리스도를 예표하고 있습니다(요 2:21). 솔로몬의 성전건축 과정을 살펴보면, 처음 성전건축을 위한 제반 준비는 다윗이 했으며(삼하 7장; 대상 17장; 28:12-19) 또한, 두로 왕 히람이 많은 도움을 주었습니다. 솔로몬 성전의 구조는 뜰, 성소, 지성소 세 부분으로 나누어져 있습니다. 현관은 성전 내부로 통하는 입구며, 성소는 길이 약 18m, 폭 약 9m, 높이 약 14m였고, 지성소는 사방 약 9m의 입방체의 모형을 띠고 있습니다. 사면의 벽은 금박한 백향목으로 둘러싸여 있었고 성소 내부에는 열 개의 금 등대(왕상 7:49), 열두 개의 진설병상, 분향제단이 있었습니다(왕상 7:48). 지성소 내부에는 순금을 입힌 그룹 두 개와 언약궤가 있었습니다. 언약궤는 금을 입힌 상자였으며 이것의 뚜껑은 '속죄소'(시은좌, 레 16:14-15)로 불렸습니다. 솔로몬은 재위 4년부터(B.C. 966년 4-5월경) 성전건축을 시작하여 11년(B.C. 959년 10-11월경)까지 7년 6개월에 걸쳐 성전건축을 완료하고 하나님께 봉헌하였습니다.

티칭포인트 | 솔로몬 성전의 크기

열왕기상 5~8장, 역대하 2~7장

성전건축기간은 총 7년(왕상 6:38)

성전의 크기:모세가 만든 성막의 두 배, 길이 27m, 너비 9m, 높이 14m

건축재료:금 10만 달란트, 은 100만달란트 무한한 청동과 철 등

동원된 일꾼:이스라엘 사람 10만 명, 돌 깎는 자 8만 명, 공사 감독자 3천3백명, 이방인 중에 15만 명의 노동자 고용(왕상 5:15)

건축 원칙:방망이, 도끼 등 연장을 사용하지 않았다(왕상 6:7).

[알고 넘어가기]

열왕기상 11장 1~12절 말씀을 읽고 질문에 답을 해봅시다.

1. 솔로몬 왕이 바로의 딸 외에 이방의 많은 여인을 사랑하였으니 곧 모압과 암몬과 에돔과 시돈과 헷 여인이라 2. 여호와께서 일찍이 이 여러 백성에 대하여 이스라엘 자손에게 말씀하시기를 너희는 그들과 서로 통혼하지 말며 그들도 너희와 서로 통혼하게 하지 말라 그들이 반드시 너희의 마음을 돌려 그들의 신들을 따르게 하리라 하셨으나 솔로몬이 그들을 사랑하였더라 3. 왕은 후궁이 칠백 명이요 첩이 삼백 명이라 그의 여인들이 왕의 마음을 돌아서게 하였더라 4. 솔로몬의 나이가 많을 때에 그의 여인들이 그의 마음을 돌려 다른 신들을 따르게 하였으므로 왕의 마음이 그의 아버지 다윗의 마음과 같지 아니하여 그의 하나님 여호와 앞에 온전하지 못하였으니 5. 이는 시돈 사람의 여신 아스다롯을 따르고 암몬 사람의 가증한 밀곰을 따름이라 6. 솔로몬이 여호와의 눈앞에서 악을 행하여 그의 아버지 다윗이 여호와를 온전히 따름 같이 따르지 아니하고 7. 모압의 가증한 그모스를 위하여 예루살렘 앞 산에 산당을 지었고 또 암몬 자손의 가증한 몰록을 위하여 그와 같이 하였으며 8. 그가 또 그의 이방 여인들을 위하여 다 그와 같이 한지라 그들이 자기의 신들에게 분향하며 제사하였더라 9. 솔로몬이 마음을 돌려 이스라엘의 하나님 여호와를 떠나므로 여호와께서 그에게 진노하시니라 여호와께서 일찍이 두 번이나 그에게 나타나시고(왕상 11:1~12)

1. 솔로몬이 하나님께 범죄한 근본적인 이유는 무엇인가요?(왕상 11:9)

정답: 솔로몬의 마음이 하나님을 떠났기 때문이었다.

2. 솔로몬이 하나님 앞에 온전하지 못한 이유는 무엇이었나?(왕상 11:1~5)

정답: 통혼하지 말라는 명령을 어겼고, 우상숭배를 허용했다.

3. 솔로몬이 이방여인들과 결혼을 함으로 어떤 결과를 가져오게 되었나요?

정답: 이방여인들의 우상을 허용하게 되었다.

4. 하나님께서는 이런 범죄에 어떻게 반응하셨나요?(9절)
정답: 진노하셨다.

5. 솔로몬의 죄의 결과로 어떤 일이 벌어졌나요?
정답: 이스라엘이 남북으로 분열되었고 결국 멸망하게 되었다.

티칭포인트 | 솔로몬 왕

성경은 솔로몬이 죽은 후 나라가 남북으로 분열하여 이스라엘과 유다, 둘로 나뉘게 될 것을 말씀하고 있습니다(왕상 11:31~33). 다윗의 군대 장관이었던 여로보암의 반란으로 북이스라엘 10개 지파, 남유다 2개 지파로 나뉘게 되었습니다. 솔로몬의 아들 르호보암은 유대지파와 베냐민지파 두 지파만 취하게 되었습니다(왕상 12:21).

솔로몬은 통치 초기에 성전을 건축하고, 일천번제를 드리는 등 다윗이 행한 대로 하나님께 순종하였습니다. 하지만 이후 정치적인 이유로 인해 주변의 많은 이방여인들과 결혼하였고 자연스럽게 이방여인들이 믿던 바알과 아세라, 밀곰 등의 이방우상을 들여와 숭배하게 되었습니다. 하나님은 솔로몬에게 경고하셨지만, 그는 듣지 않았습니다. 하나님께서는 왕권이 세워지기 450년 전에 이스라엘의 장래 왕들을 위해 왕으로서의 자격을 말씀하셨는데, 신명기 17장 14~17절 말씀을 통해 확인할 수 있습니다.
왕으로서 금기된 사항은 자신을 위하여 많은 말을 모으지 말 것(왕상 10:26)과 말들을 모으기 위해 백성들을 애굽으로 내려보내지 말 것(왕상 10:28~29), 마음을 빼앗기지 않기 위해 많은 아내를 두지 말 것(왕상 11:3), 또한, 자신을 위하여 은과 금을 많이 모으지 말 것(왕상 10:14, 23, 27) 등입니다. 솔로몬은 이런 금기사항을 지키지 못했습니다.
또한, 신명기 17장 18~20절에서 하나님께서는 왕은 율법의 말씀을 읽고 지킬 것을 요구하셨지만 그것 또한 지키지 않았습니다.
결과적으로 하나님께서는 남북으로 분열되게 하셨고, 이후 분열된 남유다와 이스라엘도 앗수르와 바벨론에 의해 멸망합니다. 그로 인해 이스라엘 백성들은 포로가 되어 끌려가게 되었습니다. 이스라엘의 안타까운 비극의 역사는 솔로몬의 우상숭배로 인한 죄악의 결과였습니다. 더욱 안타까운 것은 솔로몬은 마지막 죽는 그때까지도 하나님께 나아와 회개하고 하나님께 바로 섰다는 내용이 전혀 없다는 점입니다.

나누고 실천하기

1) '불순종' 이란 단어를 스마트폰 등으로 검색하여 그 뜻을 적어보고 혹시 내가 불순종했던 적이 있다면 기록해본 후 이야기를 나눠봅시다.

가이드 | 불순종은 솔로몬의 모습처럼 이방여인과 결혼하고 방탕한 생활을 하는 등 눈에 보이는 것도 있지만 그 마음 안에 하나님을 저버리고 내 힘과 의지대로 사는 것 또한 불순종일 수 있습니다. 학생들 스스로 불순종이 무엇인지 정의를 내려보고 자신의 삶 가운데 불순종의 모습은 없는지 돌아보도록 인도해주세요.

2) 내가 접하고 있는 문화 중 하나님보다 더 사랑하여 우상숭배라고 생각되는 것이 있나요? 한 번 찾아보고 함께 나누며 그것을 끊을 수 있도록 결단하는 시간을 가져봅시다.

가이드 | 학생들이 아무런 거부반응 없이 받아들이는 연예인 팬덤문화, 스마트폰 중독, 그 외 지나친 중독과 집착 등 하나님보다 더 사랑하는 것들은 우상숭배가 될 수 있습니다.

한줄 정리하기 • 한 과를 마치고 난 소감을 한줄로 기록해봅시다.

Lesson8 | **남북 분열의 원인**

8. 남유다, 북이스라엘로 나뉘다

[공과목표]

1. 이스라엘이 남북으로 분열하게 된 역사를 이해 시킨다.
2. 남북 이스라엘 시대의 열왕들에 대해 잘 이해 시킨다.

마음열기

친한 친구와 다투어 본 적이 있나요? 무엇이 싸움의 원인이었나요?

[질문] 친한 친구와 다투어 본 적이 있나요? 무엇이 싸움의 원인이었나요?

설명 | 아무리 친한 친구라고 해도 가끔은 서로의 마음이 다르고 성향이 다르기 때문에 부딪힌 적이 있을 것입니다. 그렇지만 그 계기를 통해 서로를 이해하고 사이가 더욱 돈독해지기도 하지요. 하지만 반대로 걷잡을 수 없는 다툼으로 커지는 경우도 있습니다. 오늘 분열왕국의 원인을 살펴보면 솔로몬의 타락에서 비롯되었다는 것을 알 수 있는데요. 이 타락이 반복되고 하나님과의 관계 속에서 해결되지 못한 죄로 인함이었다는 것을 학생들에게 설명해주시면서 결국 하나님 앞에 온전하지 못한 모습들이 해결되어야 한다는 것을 깨달을 수 있도록 도와주세요.

말씀 살피기

열왕기상 11장 11~13절 말씀을 읽고 질문에 답을 해봅시다.

11. 여호와께서 솔로몬에게 말씀하시되 네게 이러한 일이 있었고 또 네가 내 언약과 내가 네게
명령한 법도를 지키지 아니하였으니 내가 반드시 이 나라를 네게서 빼앗아 네 신하에게 주리라
12. 그러나 네 아버지 다윗을 위하여 네 세대에는 이 일을 행하지 아니하고 네 아들의 손에서 빼
앗으려니와 13. 오직 내가 이 나라를 다 빼앗지 아니하고 내 종 다윗과 내가 택한 예루살렘을 위
하여 한 지파를 네 아들에게 주리라 하셨더라(왕상 11:11~13)

1. 이스라엘의 남북 분열은 어디서 비롯되었는가?

정답: 솔로몬의 타락

2. 이스라엘의 분열과 멸망의 상황을 보여주는 도표입니다.
   아래 도표에서 괄호를 채워봅시다.

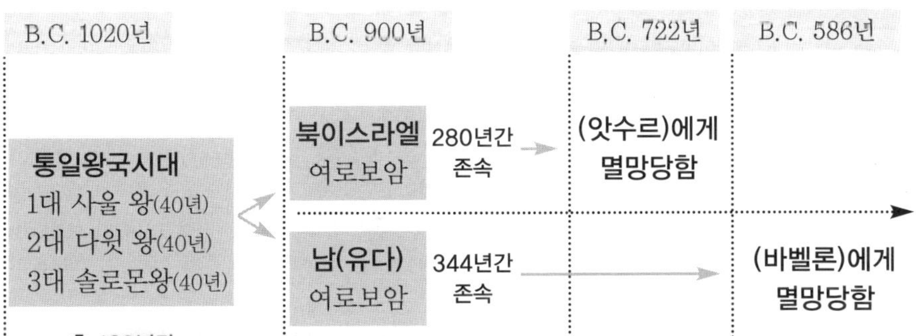

[어떻게 가르칠까?]

이스라엘이 남북으로 분열된 원인을 잘 설명해주세요.

[알고 넘어가기]

열왕기상 12장 1~16, 25~33절 말씀을 읽고 질문에 답을 해봅시다.

(참고: 대하 10:1-19)

1 로호보암이 세겜으로 갔으니 이는 온 이스라엘이 그를 왕으로 삼고자 하여 세겜에 이르렀음이더라 2
느밧의 아들 여로보암이 전에 솔로몬 왕의 얼굴을 피하여 애굽으로 도망하여 있었더니 이제 그 소문을
듣고 여전히 애굽에 있는 중에 3 무리가 사람을 보내 그를 불렀더라 여로보암과 이스라엘의 온 회중이
와서 르호보암에게 말하여 이르되 4 왕의 아버지가 우리의 멍에를 무겁게 하였으나 왕은 이제 왕의 아
버지가 우리에게 시킨 고역과 메운 무거운 멍에를 가볍게 하소서 그리하시면 우리가 왕을 섬기겠나이
다 5 르호보암이 대답하되 갔다가 삼 일 후에 다시 내게로 오라 하매 백성이 가니라 6 르호보암 왕이
그의 아버지 솔로몬의 생전에 그 앞에 모셨던 노인들과 의논하여 이르되 너희는 어떻게 충고하여 이
백성에게 대답하게 하겠느냐 7 대답하여 이르되 왕이 만일 오늘 이 백성을 섬기는 자가 되어 그들을
섬기고 좋은 말로 대답하여 이르시면 그들이 영원히 왕의 종이 되리이다 하나 8 왕이 노인들이 자문하
는 것을 버리고 자기 앞에 모셔 있는 자기와 함께 자라난 어린 사람들과 의논하여 9 이르되 너희는 어
떻게 자문하여 이 백성에게 대답하게 하겠느냐 백성이 내게 말하기를 왕의 아버지가 우리에게 메운 멍
에를 가볍게 하라 하였느니라 10 함께 자라난 소년들이 왕께 아뢰어 이르되 이 백성들이 왕께 아뢰기
를 왕의 부친이 우리의 멍에를 무겁게 하였으나 왕은 우리를 위하여 가볍게 하라 하였은즉 왕은 대답
하기를 내 새끼 손가락이 내 아버지의 허리보다 굵으니 11 내 아버지께서 너희에게 무거운 멍에를 메
게 하였으나 이제 나는 너희의 멍에를 더욱 무겁게 할지라 내 아버지는 채찍으로 너희를 징계하였으나
나는 전갈 채찍으로 너희를 징계하리라 하소서 12 삼 일 만에 여로보암과 모든 백성이 르호보암에게
나아왔으니 이는 왕이 명령하여 이르기를 삼 일 만에 내게로 다시 오라 하였음이라 13 왕이 포학한
말로 백성에게 대답할새 노인의 자문을 버리고 14 어린 사람들의 자문을 따라 그들에게 말하여 이르되
내 아버지는 너희의 멍에를 무겁게 하였으나 나는 너희의 멍에를 더욱 무겁게 할지라 내 아버지는 채
찍으로 너희를 징계하였으나 나는 전갈 채찍으로 너희를 징치하리라 하니라 15 왕이 이같이 백성의 말
을 듣지 아니하였으니 이 일은 여호와께로 말미암아 난 것이라 여호와께서 전에 실로 사람 아히야로
느밧의 아들 여로보암에게 하신 말씀을 이루게 하심이더라
16 온 이스라엘이 자기들의 말을 왕이 듣지 아니함을 보고 왕에게 대답하여 이르되 우리가 다윗과 무
슨 관계가 있느냐 이새의 아들에게서 받을 유산이 없도다 이스라엘아 너희의 장막으로 돌아가라 다윗
이여 이제 너는 네 집이나 돌아보라 하고 이스라엘이 그 장막으로 돌아가니라(왕상 12:1~16)

25 여로보암이 에브라임 산지에 세겜을 건축하고 거기서 살며 또 거기서 나가서 부느엘을 건축하고 26
그의 마음에 스스로 이르기를 나라가 이제 다윗의 집으로 돌아가리로다 27 만일 이 백성이 예루살렘에
있는 여호와의 성전에 제사를 드리고자 하여 올라가면 이 백성의 마음이 유다 왕 된 그들의 주 르호보

암에게로 돌아가서 나를 죽이고 유다의 왕 르호보암에게로 돌아가리로다 하고 28 이에 계획하고 두 금송아지를 만들고 무리에게 말하기를 너희가 다시는 예루살렘에 올라갈 것이 없도다 이스라엘아 이는 너희를 애굽 땅에서 인도하여 올린 너희의 신들이라 하고 29 하나는 벧엘에 두고 하나는 단에 둔지라 30 이 일이 죄가 되었으니 이는 백성들이 단까지 가서 그 하나에게 경배함이더라 31 그가 또 산당들을 짓고 레위 자손 아닌 보통 백성으로 제사장을 삼고 32 여덟째 달 곧 그 달 열다섯째 날로 절기를 정하여 유다의 절기와 비슷하게 하고 제단에 올라가되 벧엘에서 그와 같이 행하여 그가 만든 송아지에게 제사를 드렸으며 그가 지은 산당의 제사장을 벧엘에서 세웠더라 33 그가 자기 마음대로 정한 달 곧 여덟째 달 열다섯째 날로 이스라엘 자손을 위하여 절기로 정하고 벧엘에 쌓은 제단에 올라가서 분향하였더라(왕상 12:25~33)

1. 이스라엘 백성들은 르호보암에게 어떤 요구를 했습니까?(4절) 또한, 르호보암은 그 요구에 대해 어떻게 답변했습니까?(14절)
정답
이스라엘 백성의 요구:고역과 무거운 멍에를 가볍게 해주면 왕으로 섬기겠다.
르호보암의 답변:너희의 멍에를 더욱 무겁게 하겠다.

2. 북이스라엘의 왕인 여로보암은 어떤 잘못을 저질렀습니까?(25~33절)
정답:벧엘과 단에 금송아지 우상을 세웠다.

3. 북이스라엘의 첫 번째 왕인 여로보암은 왜 벧엘과 단에 금송아지 우상을 세웠나요? 또한, 여로보암은 금송아지 우상을 누구라고 말했나요?(27~28절)

정답: 북이스라엘 백성이 제사를 드리기 위해 유다에 있는 예루살렘에 올라갈 것을 우려했기 때문이다. 또한, 금송아지 우상은 자신들을 애굽 땅에서 인도해 낸 신이라고 말했다.

티칭포인트 | 남북분열의 원인

남북의 분열원인은 남유다와 북이스라엘의 얽히고설킨 지역적 상황들이 최악의 상황으로 몰고 간 갈등과 대립의 결과였습니다.
분열의 시작은 솔로몬 왕에게 실망을 느낀 북이스라엘의 10지파 백성들이 여로보암을 새로운 왕으로 추대하면서부터 시작됩니다.

여로보암이 솔로몬의 부역 감독관으로 있을 때, 실로 출신의 예언자 아히야는 여로보암이 이스라엘 10지파의 왕이 될 것을 예언하였습니다. 솔로몬이 그 사실을 알아채자, 아히야는 여로보암을 이집트로 피신시킵니다(열왕기상 11:29~40). 그리고 아히야의 예언대로 여로보암은 이스라엘 10지파의 왕이 되었고, 솔로몬의 아들 르호보암은 유다와 베냐민 두 지파의 왕이 되었습니다.
분열된 이후, 여로보암은 백성들의 마음을 얻기 위해 벧엘과 단에 금송아지 우상을 세우고 경배하도록 했습니다. 그 이유는 백성들이 신앙적인 양심으로 성전이 있는 예루살렘으로 올라가는 것을 막기 위한 행동이었습니다.
여로보암으로 시작된 북이스라엘의 왕은 19명으로 253년 동안 지속되었습니다. 북이스라엘은 하나님을 떠난 왕으로 가득했던 불행한 나라였습니다. 그리고 결국 주전 722년에 앗수르에게 멸망당하게 됩니다.
여호와께서 여로보암의 죄로 말미암아 이스라엘을 버리시리니 이는 그도 범죄하고 이스라엘로 범죄하게 하였음이니라 하니라(왕상 14:16)

사실 유대와 북이스라엘은 서로 갈등과 대립이 많았습니다. 대립의 가장 큰 이유는 사울 왕으로 비롯된 왕정이 1대로 끝나고 다윗이 등극하게 되었는데 북이스라엘 입장에서 보면 다윗은 사울 왕조를 무너뜨린 반역의 무리라고 생각했습니다. 남과 북은 분열되기 이전부터 분명히 다른 시각차가 있었던 것입니다.
남과 북이 분열된 것은 다윗 왕조 입장에서 보면 일종의 쿠데타였습니다. 솔로몬의 군대장관인 여로보암의 반역이라 여겼습니다. 하지만 북이스라엘 입장에선 다윗 왕조의 억압으로부터 해방되는 역사적 사건으로 보았습니다.
남북 분열의 원인은, 솔로몬은 하나님으로부터 지혜를 얻었고 그 지혜가 주변나라에 소문이 자자할 정도였지만 이방여인들과의 통혼으로 인한 우상숭배를 허용함으로 하나님의 지혜가 제대로 먹혀들어가지 못하게 되었습니다.
다시 말해, 솔로몬의 지혜롭지 못한 실정(失政)이 계속 이어졌다는 것입니다.
솔로몬은 자기중심의 지파에게 이로운 정책을 펴서 불만을 수면 위로 올라오게 했습니다. 솔로몬이 취한 일련의 개혁 조처들은 매우 편파적인 것들이었습니다.
우선 그가 임명한 국가 고급 관료들을 보면, 제사장 사독, 예언자 나단, 왕비 밧세바, 용병 대장 브나야 등 모두 남쪽 유다 출신들이었습니다.
반면에, 그가 제거한 사람들은 경쟁자였던 아도니야를 비롯하여 그를 따랐던 민병 대장 요압, 아나돗 출신의 제사장 아비아달 등 주로 북쪽 사람들이었습니다. 이러한 차별 정책은 북쪽 사람들에게 큰 불만이 쌓이게 했습니다.
또한, 이들은 이러한 불만으로 인해 지속적으로 저항하고 갈등을 일으키는 세력이 되었습니다. 이런 인사에 있어서의 차별뿐만 아니라 솔로몬의 과도한 건축 사업 및 군사력 증강은 재정 지출을 확대시켰고 이를 위한 과다한 세금 징수와 강제 노동은 국민들의 불만을 일으키는 직접적인 원인이 되었습니다.
이러한 상황 속에서 솔로몬의 아들 르호보암은 이런 불만을 망각한 채, 젊은 관료들에게만 귀를 기울여 더한 압박 정책을 발표하게 되었고 그로 인해 북이스라엘의 백성들은 반란을 일으켜 분열하게 되었습니다(열왕기상 12:11, 16).
또한 주변나라들도 은근히 유대와 북이스라엘의 분열을 조장하는 역할을 하기도 했습니다.
하지만 그런 정치적인 이유 때문에 이스라엘이 남북으로 분열되었다고 볼 수 없습니다. 가장 큰 원인은 솔로몬의 타락이었습니다.
하나님은 열왕기상 11장 11절에 "...가 내 언약과 내가 네게 명령한 법도를 지키지 아니하였으니 내가 반드시 이 나라를 네게서 빼앗아 네 신하에게 주리라"라고 하셨습니다.
결국 B.C 926년, 솔로몬이 죽고 난 후 이스라엘은 르호보암의 남유다와 여로보암의 북이스라엘로 분열되고 말았습니다.
북이스라엘은 210년 동안 존속되었고 19명의 왕이 있었습니다. 그런데 하나님의 뜻대로 행한 왕은 단 한명도 없었습니다. 9번의 쿠데타가 일어나 왕조는 계속 바뀌었고 혼란과 피 흘림의 역사는 계속되었습니다.
북이스라엘은 크게 두 왕조가 있었는데, 바로, 오므리 왕조와 예후 왕조입니다. 오므리 왕조 때 있었던 선지자는 엘리야와 엘리사, 예후 왕조 때는 호세아, 아모스, 요나입니다. 오므리 왕조는 오므리로부터 시작되는데 그는 정치적 욕심이 있었습니다. 그래서 두로와 시돈의 왕이었던 히람의 딸 이세벨과 자신의 아들 아합을 결혼시킵니다. 이세벨은 열정적인 바알의 추종자였습니다.
바알신앙은 굉장히 빠르게 전파되었고 궁 안에 바알 신당과 아스다롯 신을 만들어 놓았습니다. 그리고 그때부터 북이스라엘의 영적 계보는 하나님을 버리고 계속 바알을 추종하는 모습으로 만들어져 갑니다.
하나님께서는 오므리 왕조를 지켜보시다 결국 예후를 준비시키십니다. 예후의 사명은 오므리 왕조를 무너뜨리는 일이었습니다.
예후는 이세벨로부터 시작하여 그 가문을 몰살시키고 예후의 시대가 열리게 되는데 여로보암 2세가 북이스라엘을 다스릴 때가 가장 전성기였습니다.
북이스라엘의 마지막 왕 호세아는 힘없는 애굽과 손잡고 앗수르에게 조공을 바치는 것을 거부합니다. 결국 앗수르의 살만에셀 왕이 쳐들어와 북이스라엘의 수도 사마리아를 포위합니다.
2년 동안 사마리아는 강력히 저항하였지만 결국 B.C 722년에 무너졌습니다.
수도가 무너지자 앗수르의 총독이 파견되어 식민정책의 일환으로 주변 국가들의 인종 혼합정책을 펴다 신흥종교사회와 혼혈인들이 생겨났고 그 후손들이 신약에 이르러 사마리아인이라는 이름으로 불리게 되었습니다.

남유다는 다윗의 계보입니다. 두 지파를 데리고 나라가 나뉘게 되는데 베냐민 지파와 유다지파입니다. 다윗 때 어렵게 12지파가 통합되었는데 르호보암 때 다시 갈라지게 된 것입니다. 335년 동안 20여 명의 왕이 있었지만 유다 역시 하나님의 뜻대로 행한 왕은 그리 많지 않았습니다.
여호람은 아합의 딸 아달랴와 정략결혼을 합니다. 아달랴는 어머니를 따라 바알 숭배자였습니다. 아달랴를 통해 이때부터 남유다에 바알이 퍼지게 됩니다. 아달랴는 온전히 유다에 바알 신당을 세우기 원했습니다.
그의 아들 아하시야가 죽자, 아달랴는 자신이 왕이 되기 위해 다윗의 계보를 다 죽여 버립니다. 그런데 마지막 다윗의 계보에 요아스가 숨겨져 있었습니다.
그래서 요아스, 아마샤, 웃시야, 요담, 아하스, 히스기야, 므낫세, 아몬, 요시야, 여호아하스, 여호야김, 여호야긴, 시드기야로 이어지다가 시드기야 때 B.C 586년에 남 유다는 멸망하게 됩니다. 아사, 요아스, 히스기야, 요시아는 좋은 왕입니다. 북이스라엘을 멸망시킨 앗수르는 계속 남하하여 남유다를 괴롭혔습니다.
신흥제국 바벨론이 등장하여 앗수르를 정복한 후 연이어 남유다까지 함락시켰습니다. 남유다가 함락될 때 예루살렘성은 훼파되었습니다.

티칭포인트 | 솔로몬의 아들 르호보암과 쿠데타를 일으킨 군대장관 여로보암을 B.C 931년, 르호보암이 왕위에 오르자 건축 감독자였던 여로보암이 그를 찾아옵니다. 20년 동안 건축하느라 백성들의 노동력이 많이 착취되었고 세금도 지

나치게 많이 빼앗겨 백성들은 지치고 힘든 상황이었기 때문이었습니다. 백성들은 르호보암에게 왕으로 잘 섬길테니 솔로몬 왕 때처럼 하지 말고 세금과 일에 대한 착취를 조금 줄여달라고 부탁합니다.

그러나 생각할 시간을 달라고 말한 르호보암은 솔로몬을 섬겼던 경험 많은 원로 신하의 의견을 무시하고 젊은 신하들의 의견을 따라 더 과중한 정책을 발표합니다. "우리 아버지가 채찍으로 너희를 다스렸다면 나는 전갈채찍으로 너희를 다스리겠다."며 오히려 여로보암의 의견을 묵살합니다.

그 후, 여로보암은 도망하여 자신을 따르던 10지파를 규합해 나라를 세우게 됩니다. 이 나라가 바로 북이스라엘입니다. 하지만 여로보암은 하나님의 뜻대로 행한 왕이 아니었습니다.

그의 가장 큰 죄악은 백성들이 신앙의 양심을 갖고 예루살렘에 가서 제사를 드리게 되면 자신을 배신하고 르호보암을 섬기게 될 것으로 생각하여, 벧엘과 단에 금송아지 우상을 만들고 섬기게 한 것이었습니다.

이런 여로보암의 악한 길을 따라 북이스라엘 왕조는 19명에 이르는 왕 중에 단 한명도 하나님의 뜻대로 행한 왕이 없었으며 죽고 죽이는 쿠데타와 피의 역사가 지속됩니다. 결국 BC 722년, 북이스라엘은 앗수르에게 멸망하고 맙니다.

티칭포인트 | 여로보암이 금송아지 우상을 세운 이유

일종의 쿠데타로 나라를 세운 여로보암이 가장 우려했던 것은, 신앙이 있는 이스라엘 백성들이 예루살렘에 있는 성전에 제사를 드리러 가는 것이었습니다.

하나님의 성전은 남유다 예루살렘에 있었기에 실제로 당시에 그곳에 올라가 제사를 드리는 경우가 많았습니다.

여로보암은 이로 인해 백성들의 마음이 유다로 향하고 유다의 왕 르호보암을 섬기게 될까 두려워했습니다. 그래서 그는 금송아지를 단과 벧엘에 두고 레위자손이 아닌 백성을 제사장으로 세우고 날짜도 맘대로 정하여 제사를 드렸습니다.

이것은 하나님이 원하시는 바가 아니었습니다. 하나님의 율법과 다른 제사의 형태를 흉내 냈던 것입니다.

하나님의 성전은 하나님께서 직접 다윗에게 영감을 주셔서 설계되었고, 친히 임재하시는 장소였지만, 단과 벧엘에 세운 금송아지는 모세 때 금송아지 우상과 마찬가지로 하나님께서 진노하실 죄악의 우상이었습니다.

이것은 하나님께서 보시기에 큰 죄가 되었다고 기록하고 있습니다(왕상 12:30절). 그 후로 열왕기상에서 북이스라엘의 죄악을 말할 때 '느밧의 아들 여로보암의 죄' 라 불리게 되었습니다. 이 말은 북이스라엘 왕국의 특징을 한마디로 대변하는 유명한 관용구입니다. 결국 여로보암은 자신의 죄로 인하여 아들이 죽게 되었고 그 왕가는 파멸하게 되었습니다(왕상 13:34).

4. 남북시대 왕들의 공통적인 특징은 무엇입니까?
아래 성경구절에 공통된 단어를 찾아 괄호 안에 기록해 보고 답을 해봅시다.

그가 여호와 보시기에 (악)을 행하되 그의 아버지의 길로 행하며 그가 이스라엘에게 범하게 한 그 죄 중에 행한지라(왕상 15:26)

바아사가 여호와 보시기에 (악)을 행하되 여로보암의 길로 행하며 그가 이스라엘에게 범하게 한 그 죄 중에 행하였더라 (왕상 15:34)

오므리가 여호와 보시기에 (악)을 행하되 그 전의 모든 사람보다 더욱 (악)하게 행하여(왕상 16:25)

오므리의 아들 아합이 그의 이전의 모든 사람보다 여호와 보시기에 (악)을 더욱 행하여(왕상 16:30)

그가 여호와 보시기에 (악)을 행하였으나 그의 부모와 같이 하지는 아니하였으니 이는 그가 그의 아버지가 만든 바알의 주상을 없이하였음이라(왕하 3:2)

여호와께서 보시기에 (악)을 행하여 이스라엘에게 범죄하게 한 느밧의 아들 여로보암의 모든 죄에서 떠나지 아니하고 그 가운데 행하였더라(왕하 13:11)

정답: 하나님 뜻대로 행하지 않고 하나님께서 보시기에 악을 행했다.

나누고 실천하기

1) 오늘 배운 내용을 보면 사랑이 많으신 하나님을 발견할 수 있습니다. 오늘 배운 내용에서 하나님의 사랑을 찾아보고 함께 나눠봅시다.

티칭포인트 | 솔로몬 이후의 왕들은 계속적으로 여호와 보시기에 악을 행하였지만 이를 잘 살펴보면 그럼에도 하나님께서는 끊임없는 사랑과 긍휼하심으로 이스라엘의 역사를 이끌어가시고 선지자를 통해 회개하고 돌아오도록 말씀하십니다.

2) 한 주간 신문에 나온 기사 중에 하나를 골라 읽어보고 그리스도인의 입장에서 바라볼 때 잘못된 점과 반대로 기사 속에서 발견할 수 있는 하나님의 성품은 무엇인지 찾아봅시다.

한줄 정리하기 • 한 과를 마치고 난 소감을 한줄로 기록해봅시다.

Lesson9 | **분열왕국의 간략한 역사**

9. 총체적 교만과 불순종의 시대

[공과목표]
1. 남북시대에 활약했던 주요 선지자들을 잘 설명해준다.
2. 남북시대의 선한 왕을 잘 배우고 이해 시킨다.

마음열기

나는 문제가 생겼을 때 '옳은 쪽'을 택하나요, 아니면 '좋은 쪽'을 택하나요?

[질문] 나는 어떤 문제가 생겼을 때 '옳은 쪽'을 택하나요, 아니면 '좋은 쪽'을 택하나요?

설명 | 옳은 것과 좋은 것, 언뜻 보면 둘 다 같은 의미 같지만 결코 그렇지 않습니다. 특히, 난감한 상황에서 둘의 차이점은 확연히 드러나지요. 가끔 좋은 것은 옳은 것이라는 탈을 쓰고 우리를 혼미하게 하기도 합니다. 예를 들면, 친구들 사이에서 다툼이 생겼을 때, 힘이 세고 인기가 많지만 잘못한 친구의 편을 드는 것은 나와 친구들과의 관계나 닥친 상황에 있어서는 좋은 것일지 몰라도 옳은 것을 택한 것은 아닙니다.
구약시대에도 어려운 상황 속에서 좋은 것이 아닌 옳은 것을 선택하고 그로 인한 핍박을 받으면서도 하나님의 말씀을 전한 선지자들이 있습니다. 그들이 혼란한 시대상황 가운데 어떻게 행했는지 함께 살펴보도록 합시다.

말씀 살피기

1. 아래 도표는 남유다와 북이스라엘을 비교한 도표입니다. 빈칸을 채워봅시다.

비교	남유다	북이스라엘
왕들	르호보암~시드기아(총 20명)	여로보암~호세아(총 19명)
수도	(예루살렘)	사마리아
왕조	1왕조(다윗)왕조	9왕조
지파	2지파(유다, 베냐민)	10지파
선한왕	아사, 여호사밧, 요담, 요시아, 히스기야	(없다)
멸망	(바벨론)에 의해 멸망(BC. 586)	앗수르에 의해 멸망(BC. 722)

* 선한 왕은 하나님을 의지하고 하나님 뜻대로 살고자 몸부림 쳤던 왕을 말합니다.

2. 아래 설명하는 왕은 누구인지 정답을 기록해 봅시다.

선지자 이사야의 친구. 여호와 보시기에 정직하게 행했던 왕.
우상숭배 장소파괴함. 산헤립이 예루살렘을 공격할때 하나님께 기도 함으로 천사가 하늘에서 내려와 18만5천 명의 앗시리아군대를 물리침.
죽을 병을 얻었지만 기도함으로 15년 동안 생명을 더 연장받음.

정답:히스기야 왕

[어떻게 가르칠까?]

남북시대 주요 선지자들과 북이스라엘 왕조, 남유다 왕조를 개괄적으로 설명해 주세요. 하지만 복잡한 왕조와 사건들을 다 알려주기는 어렵고 그렇게 할 수도 없습니다. 단, 이런 복잡하고 혼란스러운 상황 속에서도 하나님은 그 모든 것을 주관하시고 이끄셨다는 사실을 알려주는데 초점을 맞추시기 바랍니다.

[알고넘어갑시다]

1. 구약의 주요 선지자 이름과 내용에 맞게 선을 그어 보세요.

엘리야 •	• 앗수르와 바벨론에게 멸망 당할 것을 예언, 고난 받는 종 메시야 예언함.
엘리사 •	• 비극적인 가정을 토대로 하나님의 사랑과 심판을 강조.
요나 •	• 갈멜산에서 850명의 바알과 아세라 선지자와 대결, 회오리 타고 승천함.
호세아 •	• 엘리야 뒤를 이은 제자. 많은 기적을 일으킨 선지자. 나아만 장군 이야기가 유명.
이사야 •	• 불순종으로 3일 동안 큰 물고기 뱃속에 있음. 회개 하고 니느웨에서 복음을 전함.
요엘 •	• 폐허와 구원에 대해 예언한 선지자

2. 아래 도표는 주요 시대에 활동했던 주요 선지자들을 보여주는 도표입니다. 괄호에 공통적인 분은 누구인지 괄호를 채워봅시다.

시대	선포대상	활동한 선지자
포로기전	이스라엘	호세아, 아모스
	유다	이사야, 예레미야, 요엘, 미가
	앗수르	요나, 나훔
	에돔	하박국
포로기	바벨론	에스겔, 다니엘
포로기후	이스라엘 통일왕국시대	학개, 스가랴 말라기

"선지자는 (하나님)으로부터 계시를 받아 (하나님)의 말씀을 대신 전하는 말씀 전달자로 주로 꿈이나 환상을 통해 하나님의 계시를 전달 받았습니다."

티칭포인트 | 하나님의 대언자, 선지자

하나님께서 특별히 택하셔서 하나님의 메시지를 대신 전하는 도구로 사용되었던 사람을 예언자 혹은 선지자라 불렀습니다. 당시 선지자들은 주로 책망과 심판에 대한 예언의 일을 했습니다. 멸망과 왕에 대한 좋지 않은 예언을 했기에 많은 고난을 당했습니다. 선지자들 중에는 직접 하나님의 말씀을 받아 대언하는 예언자들이 있습니다. 대표적인 예언자가 스가랴, 엘리야, 미가야, 엘리사, 요나입니다. 또한, 문서로 예언했던 예언자들이 있었는데 아모스, 호세아, 요엘, 이사야, 미가입니다. 선지자는 미래에 대한 예언을 주로 했는데 때로는 많은 기적과 이적을 나타내기도 했습니다. 말라기 선지자를 마지막으로 수백 년간 하나님의 말씀이 선지자를 통해 대언되지 않다가 신약에 와서 세례요한을 통해 하나님의 말씀이 이어졌고, 초대교회까지 선지자가 있었지만 이후 복음시대와 교회시대에 와서 자연스럽게 사라졌습니다.

[구약의 주요 선지자들]

1. 북이스라엘에서 활동했던 선지자

아히야(왕상 11:29~39) | 여로보암에게 하나님의 뜻에 순종하면 왕국이 확고하게 됨을 예언함.

엘리야(왕상 17~19장) | 갈멜산에서 850명의 바알과 아세라 선지자와 대결, 아합왕 아하시야에게 책망, 회오리타고 승천함.

미가야(왕상 20:35~43) | 아합왕 때, 400명의 거짓 선지자와 반대되는 의견을 말함, 감옥에 갇힘.

엘리사(왕상 19장~왕하 13장) | 엘리야의 뒤를 이은 제자. 많은 기적을 펼침. 나아만 장군 이야기 등.

요나(왕하 14:23~27) | 불순종으로 3일 동안 큰 물고기 뱃속에 있음. 회개하고 니느웨에서 복음을 전함.

아모스 | 하나님의 심판을 강조.

호세아 | 비극적인 가정을 토대로 하나님의 사랑과 심판을 강조.

2. 남유다에서 활동했던 주요 선지자

스마야(왕상 12:22~24) | 애굽 왕 시삭 침입을 예언함, 하나님의 사람으로 불림.

아사랴(대하15:1~8) | 아사를 고무시켜 종교개혁과 나라부흥의 동기를 제공.

하나니(대하 16:1~10) | 이방의 도움을 청하는 아사왕의 어리석음을 지적함.
예후(대하 19:1~3) | 왕을 책망하는 사명(여호사밧, 바아사왕)
엘리에셀(대하 20:35~37) | 여호사밧에게 북쪽의 아합의 장남인 아하시야와 동맹을 맺는 것을 경고함.
스가랴(대하 26:3~5) | 웃시야를 도와 하나님을 찾게 함.
요엘 | 폐허와 구원에 대해 말함.
이사야 | 애굽과 앗수르를 의지하지 말라고 경고함. 앗수르와 바벨론에게 멸망당할 것을 예언, 고난 받는 종 메시야 예언함.
미가 | 사회적 부패에 대해 예언함.

티칭포인트 | 북이스라엘 왕조와 남유다 왕조

북이스라엘 왕조(BC.931~722)

BC.931년 여로보암(22년)-> 나답(2년)-> BC.910년 바이사(24년)-> 엘라(2년)-> 시므리(7일)-> BC.885년 오므리(12년)-> BC.875년 아합(22년)-> BC.850년 아하시야(2년)-> 여호람(12년)-> BC.840년 예후(28년)-> BC.815년 여호아하스(17년)-> BC.800년 요아스(16년)-> BC.790년여로보암2세(41년)-> 스가랴(6개월)-> 살룸(1개월)-> BC.750년 므나헴(10년)-> 브가히야(2년)-> BC.740년 베가(20년)-> BC.730 호세아(9년)

남유다 왕조(BC.931~586)

BC.931년 르호보암(17년)-> 아비얌(3년)-> BC.910년 아사(41년)-> BC.870년 여호사밧(25년)-> BC.853년 여호람(8년)-> 아하시야(1년)-> 아달랴(6년)-> BC.835년 요아스(40년) -> BC.795년 아마샤(29년)-> BC.790년 웃시야(52년)-> BC.750년 요담(16년)-> BC.735년 아하스(16년)-> BC.715년 히스기야(29년)-> BC.695년 므낫세(55년)-> 아몬(2년)-> BC.640년 요시야(31년)-> 여호아하스(3개월)-> BC.610년 여호야김(11년)-> 여호야긴(3개월) BC.586년시드기야(211년)

티칭포인트 | 기도로 승리한 왕 히스기야

성경에 나오는 왕들 중 아사, 여호사밧, 요담, 요시아, 히스기야 왕을 제외한 대부분을 왕들이 하나님 뜻대로 살지 않고 우상과 타락에 빠져 있었습니다.
그중에 특별히, 히스기야 왕은 절대절명의 위기 속에서 기도로 승리한 대표적인 왕이었습니다. 히스기야는 선지자 이사야의 친구였습니다. 열왕기하에 따르면 히스기야는 "여호와께서 보시기에 정직하게" 처신했다고 기록하고 있고 우상 숭배하는 장소를 파괴하였습니다. 앗시리아의 산헤립이 예루살렘을 공격했을때 간절히 기도함으로 천사가 하늘에서 내려와 18만5천 명의 앗시리아 군대를 물리쳐주셨습니다. 훗날 히스기야는 병으로 죽음을 앞에 두고 또다시 기도함으로 15년을 더 생명을 연장 받기도 하였습니다. 하지만 그의 뒤를 이은 아들 므낫세는 최악의 타락한 왕이었습니다.

나누고 실천하기

1) 내 주변에 예수님을 믿지 않는 친구들에게 예수님의 복음에 대해 이야기를 했을 때, 질타를 받거나 무시당한 적이 있나요?

가이드 | 복음은 우리에게 복된 소식이지만 믿지 않는 사람들에게는 그저 지루한 이야기에 불과할 수 있습니다. 그럼에도 우리는 바울의 고백처럼 주님으로 인해 고난받는 것을 기쁨으로 여기며 참된 복음을 전하기 위해 힘쓰고 애써야 합니다.

2) 오늘 배운 '선지자'의 뜻을 토대로 이 시대 선지자로서의 삶을 살기 위한 나의 다짐문을 써 봅시다.

가이드 | 단순히 다짐문을 쓰기 위한 다짐문이 되지 않게 하시고 아이들에게, 우리가 세상 가운데 빛이신 예수님을 전하는 축복의 통로가 되는 것이라는 사실을 알려주세요.

한줄 정리하기 • 한 과를 마치고 난 소감을 한줄로 기록해봅시다.

Lesson10 | **대선지자 엘리야, 엘리사**

10. 그래도 하나님은 살아역사하신다

[공과목표]

1. 엘리야와 엘리사 선지자에 대해 잘 가르친다.
2. 어두운 시대에도 하나님은 살아 역사하신다는 사실을 배우고 이해시킨다.

마음열기

마술과 기적의 차이점은 무엇인가요?

[질문] 마술과 기적의 차이점은 무엇인가요?

설명 | 우리는 TV 프로그램을 통해 신기한 마술에 대해 접해보았을 것입니다. 그것이 눈속임인 것을 알면서도 우리는 그것에 흥미를 느끼고 신기해하죠. 그런데 마술과 기적의 차이점에 대해 생각해보셨나요? 여러 가지 차이점이 있겠지만 가장 큰 차이는 기적은 사람의 지식으로 결코 설명할 수 없다는 점일 것입니다. 그래서 가끔 세상에서 손에 꼽힐 만큼 똑똑하다는 사람들이 성경에서 하나님께서 이루신 많은 기적을 과학적으로 설명하려고 하지만 그것은 결코 어리석은 일이 아닐 수 없습니다. 학생들과, 마술과 기적의 차이점을 함께 나누며 오늘 등장한 엘리야와 엘리사를 통해 역사하신 하나님의 일하심을 배우도록 인도해주세요.

말씀 살피기

열왕기상 16장 29~34절 말씀을 읽고 질문에 답해봅시다.

29 유다의 아사 왕 제삼십팔년에 오므리의 아들 아합이 이스라엘의 왕이 되니라 오므리의 아들
아합이 사마리아에서 이십이 년 동안 이스라엘을 다스리니라 30 오므리의 아들 아합이 그의 이
전의 모든 사람보다 여호와 보시기에 악을 더욱 행하여 31 느밧의 아들 여로보암의 죄를 따라
행하는 것을 오히려 가볍게 여기며 시돈 사람의 왕 엣바알의 딸 이세벨을 아내로 삼고 가서 바
알을 섬겨 예배하고 32 사마리아에 건축한 바알의 신전 안에 바알을 위하여 제단을 쌓으며 33
또 아세라 상을 만들었으니 그는 그 이전의 이스라엘의 모든 왕보다 심히 이스라엘 하나님 여호
와를 노하시게 하였더라 34 그 시대에 벧엘 사람 히엘이 여리고를 건축하였는데 그가 그 터를
쌓을 때에 맏아들 아비람을 잃었고 그 성문을 세울 때에 막내 아들 스굽을 잃었으니 여호와께서
눈의 아들 여호수아를 통하여 하신 말씀과 같이 되었더라

1. 엘리야가 활동하던 당시 아합 왕은 어떤 왕이었습니까? 말씀을 읽고 괄호를 채워봅시다.(왕상 16장 29~34)

아합 왕은 느밧의 아들 (여로보암)의 죄를 따라 행하였고, 하나님께서 보시기에 이전 왕들보다 더우 악행을 저질렀던 왕이었다. 아합 왕은 바알숭배사였넌 아내 (이세벨)을 따라 사마리아에 건축한 바알 신전 안에 바알을 위한 제단을 쌓고 아세라 상을 만들었다.

[어떻게 가르칠까?]

엘리야와 엘리사 신지자는 꼭 기억헤야할 능력의 선지자입니다. 이 두 선지자들의 사건을 잘 설명해 주고, 엘리야의 불이 하늘에서 떨어지게 한 사건과 엘리사의 나아만장군의 기적이야기는 하나님의 살아 역사하심을 가장 잘 보여주는 사건으로 자세히 가르쳐 주고 하나님을 의지하는 신앙을 갖도록 지도하기 바랍니다.

티칭포인트 | 아합 왕

오므리의 뒤를 이어 왕위에 오른 아합 왕은 사마리아에 상아궁을 짓고 화려한 생활을 했습니다(왕상 22:39). 아합 왕은 시돈 사람의 왕, 옛 바알의 딸 이세벨을 아내로 삼게 됨으로 극심한 영적 타락을 가져오게 되었습니다.

아합 왕이 악한 왕이었고 그의 아내 이세벨은 더 악한 자였음을 보여주는 대표적인 사건이 바로 나봇의 포도원을 빼앗는 사건이었습니다.

아합 왕은 합법적으로 나봇의 포도원을 사려다가 거절당했는데, 이세벨은 강제로 죄를 뒤집어씌워 그 포도원을 강탈했습니다. 아합 왕은 국가의 번영을 가져온 왕이었지만 바알숭배와 나봇의 포도원 사건(왕상 21장)과 같은 악한 행동으로 모세율법으로 볼 때, 도저히 용납될 수 없는 일들을 많이 저질렀던 왕이었습니다. 이 시기에 많은 선지자들이 아합과 이세벨에 의해 죽임을 당했고, 그 일부는 숨어서 지내야 했습니다. 이런 탄압 속에서도 길르앗 출신의 선지자 엘리야는 핍박의 시대에 하나님의 말씀을 선포하며 이스라엘의 신앙과 종교를 새롭게 일으킨 예언자였습니다.

[알고 넘어가기] 능력의 선지자 엘리야

열왕기상 18장 15~40절 말씀을 읽고 질문에 답을 해봅시다.

17 엘리야를 볼 때에 아합이 그에게 이르되 이스라엘을 괴롭게 하는 자여 너냐 18 그가 대답하
되 내가 이스라엘을 괴롭게 한 것이 아니라 당신과 당신의 아버지의 집이 괴롭게 하였으니 이는
여호와의 명령을 버렸고 당신이 바알들을 따랐음이라 19 그런즉 사람을 보내 온 이스라엘과 이
세벨의 상에서 먹는 바알의 선지자 사백오십 명과 아세라의 선지자 사백 명을 갈멜 산으로 모아
내게로 나아오게 하소서 20 아합이 이에 이스라엘의 모든 자손에게로 사람을 보내 선지자들을
갈멜 산으로 모으니라 21 엘리야가 모든 백성에게 가까이 나아가 이르되 너희가 어느 때까지 둘
사이에서 머뭇머뭇 하려느냐 여호와가 만일 하나님이면 그를 따르고 바알이 만일 하나님이면 그
를 따를지니라 하니 백성이 말 한마디도 대답하지 아니하는지라 22 엘리야가 백성에게 이르되
여호와의 선지자는 나만 홀로 남았으나 바알의 선지자는 사백오십 명이로다 23 그런즉 송아지
둘을 우리에게 가져오게 하고 그들은 송아지 한 마리를 택하여 각을 떠서 나무 위에 놓고 불은
붙이지 말며 나도 송아지 한 마리를 잡아 나무 위에 놓고 불은 붙이지 않고 24 너희는 너희 신
의 이름을 부르라 나는 여호와의 이름을 부르리니 이에 불로 응답하는 신 그가 하나님이니라 백
성이 다 대답하되 그 말이 옳도다 하니라 25 엘리야가 바알의 선지자들에게 이르되 너희는 많으

니 먼저 송아지 한 마리를 택하여 잡고 너희 신의 이름을 부르라 그러나 불을 붙이지 말라 26 그들이 받은 송아지를 가져다가 잡고 아침부터 낮까지 바알의 이름을 불러 이르되 바알이여 우리에게 응답하소서 하나 아무 소리도 없고 아무 응답하는 자도 없으므로 그들이 그 쌓은 제단 주위에서 뛰놀더라 27 정오에 이르러는 엘리야가 그들을 조롱하여 이르되 큰 소리로 부르라 그는 신인즉 묵상하고 있는지 혹은 그가 잠깐 나갔는지 혹은 그가 길을 행하는지 혹은 그가 잠이 들어서 깨워야 할 것인지 하매 28 이에 그들이 큰 소리로 부르고 그들의 규례를 따라 피가 흐르기까지 칼과 창으로 그들의 몸을 상하게 하더라 29 이같이 하여 정오가 지났고 그들이 미친 듯이 떠들어 저녁 소제 드릴 때까지 이르렀으나 아무 소리도 없고 응답하는 자나 돌아보는 자가 아무도 없더라 30 엘리야가 모든 백성을 향하여 이르되 내게로 가까이 오라 백성이 다 그에게 가까이 가매 그가 무너진 여호와의 제단을 수축하되 31 야곱의 아들들의 지파의 수효를 따라 엘리야가 돌 열두 개를 취하니 이 야곱은 옛적에 여호와의 말씀이 임하여 이르시기를 네 이름을 이스라엘이라 하리라 하신 자더라 32 그가 여호와의 이름을 의지하여 그 돌로 제단을 쌓고 제단을 돌아가며 곡식 종자 1)두 세아를 둘 만한 도랑을 만들고 33 또 나무를 벌이고 송아지의 각을 떠서 나무 위에 놓고 이르되 통 넷에 물을 채워다가 번제물과 나무 위에 부으라 하고 34 또 이르되 다시 그리하라 하여 다시 그리하니 또 이르되 세 번째로 그리하라 하여 세 번째로 그리하니 35 물이 제단으로 두루 흐르고 도랑에도 물이 가득 찼더라 36 저녁 소제 드릴 때에 이르러 선지자 엘리야가 나아가서 말하되 아브라함과 이삭과 이스라엘의 하나님 여호와여 주께서 이스라엘 중에서 하나님이신 것과 내가 주의 종인 것과 내가 주의 말씀대로 이 모든 일을 행하는 것을 오늘 알게 하옵소서 37 여호와여 내게 응답하옵소서 내게 응답하옵소서 이 백성에게 주 여호와는 하나님이신 것과 주는 그들의 마음을 되돌이키심을 알게 하옵소서 하매 38 이에 여호와의 불이 내려서 번제물과 나무와 돌과 흙을 태우고 또 도랑의 물을 핥은지라 39 모든 백성이 보고 엎드려 말하되 여호와 그는 하나님이시로다 여호와 그는 하나님이시로다 하니 40 엘리야가 그들에게 이르되 바알의 선지자를 잡되 그들 중 하나도 도망하지 못하게 하라 하매 곧 잡은지라 엘리야가 그들을 기손 시내로 내려다가 거기서 죽이니라

1. 여호와의 선지자 엘리야 1명과 바알의 선지자와 아세라 선지자 850명은 어떤 대결을 펼쳤는가?(24절)

정답: 누가 참 신인지 대결하였다. 방법은 하늘에서 불이 제단에 떨어져 내려 응답하는 신이 참 신이다.

2. 엘리야는 모여든 백성들에게 어떻게 말하였는가?(21절)

정답: 여호와가 하나님이면 그를 따르라.

3. 바알과 아세라 선지자들이 소리 질러 바알을 부를 때 반응이 있었나? 또한 엘리야는 저들을 향해 어떻게 조롱하였는가?(26~27절)

정답: 반응이 없었다. 엘리야는 저들에게 너희 신이 묵상하고 있는지, 잠깐 나갔는지, 잠들었는지 깨워야 할 것이라며 조롱하였다.

4. 엘리야는 하나님께 어떻게 기도하였는가? 그리고 하나님은 어떻게 응답하셨는가?(37~38절)

정답: 이 백성이 주 여호와는 하나님이신 것과 이 백성들의 돌이키심을 알게 하소서. 하늘에서 불이 내려 번제물 뿐 아니라, 나무와 돌과 흙까지 태워 응답하셨다.

5. 이런 기적을 보고 백성들은 어떻게 반응했나? 또한 바알의 선지자들은 어떻게 심판받았나?(39~40절)

정답: 참 하나님이심을 고백했다. 바알 선지자들은 기손 시내에서 죽임을 당했다.

티칭포인트 | 능력의 선지자 엘리야

엘리야는 '여호와는 하나님이시다' 라는 이름의 뜻을 가지고 있으며 길르앗에 사는 디셉 사람으로 북이스라엘 왕 아합과 아하시야 시대에 활동했던 선지자였습니다. 그는 하나님을 경외하는 열심이 특별했고(왕상 19:10, 14; 눅 1:17; 롬 11:2~3) 선지자 엘리사의 스승이었습니다(왕상 19:19~21).

엘리야는 우상 숭배를 타파하고 여호와 유일신앙을 지키기 위해 노력한 구약의 대표적 선지자였으며(왕상 17~19장) 또한 큰 기적을 일으킨 선지자였습니다.

3년 6개월 동안의 극심한 가뭄 속에서도 그릿 시냇가에서 까마귀의 도움으로 가뭄의 위기를 넘긴 일이 있었고 사르밧 과부의 집에서 가난을 극복하게 힘을 주었으며 기름과 떡이 끊이지 않는 기적을 행했습니다.

그뿐 아니라 죽었던 아이를 살려내기도 했습니다. 그 중 가장 유명한 사건은 갈멜산에서 바알과 아세라 선지자 850명과의 대결한 사건일 것입니다. 여기서 엘리야는 하늘에서 불이 떨어지게 함으로 하나님의 능력을 나타냈습니다(왕상 18장).

그 이후 이세벨의 분노를 피하여 호렙산으로 피신하였지만, 그곳에서도 하나님의 어루만져주심과 남은 자에 대한 약속을 받았고 또한 엘리사를 후계자로 삼고 하사엘을 수리아 왕으로, 또 예후를 이스라엘의 왕으로 삼을 것을 명령받게 됩니다(왕상 19:1~21).

엘리야는 나봇의 포도원과 관련하여 아합과 이세벨이 심판받을 것을 예언하였고(왕상 21:17~22) 병든 아하시야 왕이 에그론의 바알세불에게 물으러 갔을 때 아하시야의 죽음을 예언한 일도 있습니다. 엘리야는 마지막 모습까지 화려했는데, 그는 살아서 회오리바람을 타고 하늘로 승천하였습니다(왕하 2:1~15).

[알고 넘어가기] 그 스승의 그 제자 엘리사

열왕기하 5장 1~18절 말씀을 읽고 질문에 답을 해봅시다.

1 아람 왕의 군대 장관 나아만은 그의 주인 앞에서 크고 존귀한 자니 이는 여호와께서 전에 그
에게 아람을 구원하게 하셨음이라 그는 큰 용사이나 나병환자더라 2 전에 아람 사람이 떼를 지
어 나가서 이스라엘 땅에서 어린 소녀 하나를 사로잡으매 그가 나아만의 아내에게 수종들더니 3
그의 여주인에게 이르되 우리 주인이 사마리아에 계신 선지자 앞에 계셨으면 좋겠나이다 그가
그 나병을 고치리이다 하는지라 4 나아만이 들어가서 그의 주인께 아뢰어 이르되 이스라엘 땅에
서 온 소녀의 말이 이러이러하더이다 하니 5 아람 왕이 이르되 갈지어다 이제 내가 이스라엘 왕
에게 글을 보내리라 하더라 나아만이 곧 떠날새 은 십 달란트와 금 육천 개와 의복 열 벌을 가
지고 가서 6 이스라엘 왕에게 그 글을 전하니 일렀으되 내가 내 신하 나아만을 당신에게 보내오
니 이 글이 당신에게 이르거든 당신은 그의 나병을 고쳐 주소서 하였더라 7 이스라엘 왕이 그 글
을 읽고 자기 옷을 찢으며 이르되 내가 사람을 죽이고 살리는 하나님이냐 그가 어찌하여 사람을
내게로 보내 그의 나병을 고치라 하느냐 너희는 깊이 생각하고 저 왕이 틈을 타서 나와 더불어
시비하려 함인줄 알라 하니라 8 하나님의 사람 엘리사가 이스라엘 왕이 자기의 옷을 찢었다 함
을 듣고 왕에게 보내 이르되 왕이 어찌하여 옷을 찢었나이까 그 사람을 내게로 오게 하소서 그
가 이스라엘 중에 선지자가 있는 줄을 알리이다 하니라 9 나아만이 이에 말들과 병거들을 거느
리고 이르러 엘리사의 집 문에 서니 10 엘리사가 사자를 그에게 보내 이르되 너는 가서 요단 강
에 몸을 일곱 번 씻으라 네 살이 회복되어 깨끗하리라 하는지라 11 나아만이 노하여 물러가며 이
르되 내 생각에는 그가 내게로 나와 서서 그의 하나님 여호와의 이름을 부르고 그의 손을 그 부
위 위에 흔들어 나병을 고칠까 하였도다 12 다메섹 강 아바나와 바르발은 이스라엘 모든 강물보
다 낫지 아니하냐 내가 거기서 몸을 씻으면 깨끗하게 되지 아니하랴 하고 몸을 돌려 분노하여 떠
나니 13 그의 종들이 나아와서 말하여 이르되 내 아버지여 선지자가 당신에게 큰 일을 행하라
말하였더면 행하지 아니하였으리이까 하물며 당신에게 이르기를 씻어 깨끗하게 하라 함이리이까
하니 14 나아만이 이에 내려가서 하나님의 사람의 말대로 요단 강에 일곱 번 몸을 잠그니 그의
살이 어린 아이의 살 같이 회복되어 깨끗하게 되었더라 15 나아만이 모든 군대와 함께 하나님의
사람에게로 도로 와서 그의 앞에 서서 이르되 내가 이제 이스라엘 외에는 온 천하에 신이 없는
줄을 아나이다 청하건대 당신의 종에게서 예물을 받으소서 하니 16 이르되 내가 섬기는 여호와
께서 살아 계심을 두고 맹세하노니 내가 그 앞에서 받지 아니하리라 하였더라 나아만이 받으라
고 강권하되 그가 거절하니라 17 나아만이 이르되 그러면 청하건대 노새 두 마리에 실을 흙을 당
신의 종에게 주소서 이제부터는 종이 번제물과 다른 희생제사를 여호와 외 다른 신에게는 드리
지 아니하고 다만 여호와께 드리겠나이다 18 오직 한 가지 일이 있사오니 여호와께서 당신의 종
을 용서하시기를 원하나이다 곧 내 주인께서 림몬의 신당에 들어가 거기서 경배하며 그가 내 손
을 의지하시매 내가 림몬의 신당에서 몸을 굽히오니 내가 림몬의 신당에서 몸을 굽힐 때에 여호

와께서 이 일에 대하여 당신의 종을 용서하시기를 원하나이다 하니 19 엘리사가 이르되 너는 평안히 가라 하니라 그가 엘리사를 떠나 조금 가니라

1. 나아만이 엘리사를 찾아왔을 때, 나아만은 엘리사가 자신을 어떻게 맞이할 것이라 생각했나? 또한, 엘리사는 나아만에게 어떻게 행동했나?(왕하 5:9~11)

정답: 그가 직접 나와서 하나님을 부르고 아픈 부분 위로 흔들어 나병을 고쳐줄 것으로 생각했다. 하지만 엘리사는 그를 쳐다보지도 않고 종을 통해 요단강에서 몸을 일곱 번 씻으면 회복될 것을 말하였다.

2. 나아만이 엘리사의 말을 듣고 순종했을 때 어떤 기적이 일어났나? 또한, 나아만은 엘리사에게 어떤 고백을 하였는가?(왕하 5:14~17)

정답: 나병 들었던 그의 몸이 어린아이의 살같이 회복되어 깨끗하게 되었다. 여호와를 섬기고 모든 제사는 오직 여호와께만 드리겠다.

열왕기하 6장 8~23절 말씀을 읽고 질문에 답을 해봅시다.

8 그 때에 아람 왕이 이스라엘과 더불어 싸우며 그의 신복들과 의논하여 이르기를 우리가 아무
데 아무데 진을 치리라 하였더니 9 하나님의 사람이 이스라엘 왕에게 보내 이르되 왕은 삼가 아
무 곳으로 지나가지 마소서 아람 사람이 그 곳으로 나오나이다 하는지라 10 이스라엘 왕이 하나
님의 사람이 자기에게 말하여 경계한 곳으로 사람을 보내 방비하기가 한두 번이 아닌지라 11 이
러므로 아람 왕의 마음이 불안하여 그 신복들을 불러 이르되 우리 중에 누가 이스라엘 왕과 내
통하는 것을 내게 말하지 아니하느냐 하니 12 그 신복 중의 한 사람이 이르되 우리 주 왕이여 아
니로소이다 오직 이스라엘 선지자 엘리사가 왕이 침실에서 하신 말씀을 이스라엘의 왕에게 고하
나이다 하는지라 13 왕이 이르되 너희는 가서 엘리사가 어디 있나 보라 내가 사람을 보내어 그
를 잡으리라 왕에게 아뢰어 이르되 보라 그가 도단에 있도다 하나이다 14 왕이 이에 말과 병거
와 많은 군사를 보내매 그들이 밤에 가서 그 성읍을 에워쌌더라 15 하나님의 사람의 사환이 일
찍이 일어나서 나가보니 군사와 말과 병거가 성읍을 에워쌌는지라 그의 사환이 엘리사에게 말하
되 아아, 내 주여 우리가 어찌하리이까 하니 16 대답하되 두려워하지 말라 우리와 함께 한 자가
그들과 함께 한 자보다 많으니라 하고 17 기도하여 이르되 여호와여 원하건대 그의 눈을 열어서
보게 하옵소서 하니 여호와께서 그 청년의 눈을 여시매 그가 보니 불말과 불병거가 산에 가득하
여 엘리사를 둘렀더라 18 아람 사람이 엘리사에게 내려오매 엘리사가 여호와께 기도하여 이르되
원하건대 저 무리의 눈을 어둡게 하옵소서 하매 엘리사의 말대로 그들의 눈을 어둡게 하신지라 19
엘리사가 그들에게 이르되 이는 그 길이 아니요 이는 그 성읍도 아니니 나를 따라 오라 내가 너
희를 인도하여 너희가 찾는 사람에게로 나아가리라 하고 그들을 인도하여 사마리아에 이르니라
20 사마리아에 들어갈 때에 엘리사가 이르되 여호와여 이 무리의 눈을 열어서 보게 하옵소서 하
니 여호와께서 그들의 눈을 여시매 그들이 보니 자기들이 사마리아 가운데에 있더라 21 이스라
엘 왕이 그들을 보고 엘리사에게 이르되 내 아버지여 내가 치리이까 내가 치리이까 하니 22 대
답하되 치지 마소서 칼과 활로 사로잡은 자인들 어찌 치리이까 떡과 물을 그들 앞에 두어 먹고
마시게 하고 그들의 주인에게로 돌려보내소서 하는지라 23 왕이 위하여 음식을 많이 베풀고 그
들이 먹고 마시매 놓아보내니 그들이 그들의 주인에게로 돌아가니라 이로부터 아람 군사의 부대
가 다시는 이스라엘 땅에 들어오지 못하니라

1. 아람군이 엘리사를 잡으러 온 이유는 무엇이었나?(왕하 6:8~10)

정답: 엘리사의 예언 때문에 이스라엘이 미리 자신들의 행동을 알고 대비해서

2. 아람 왕이 많은 병거와 군사를 도단에 보내 성을 에워쌌을 때, 엘리야는 그 모습을 보고 두려워 떨고 있는 사환에게 무슨 말을 하였는가? 또한 어떻게 기도하였나?(왕상 6:14~23)

정답: 우리와 함께한 자가 그들과 함께한 자들 보다 많다. 그의 눈을 열어 보게 하옵소서.

3. 엘리사가 기도하자 청년은 무엇을 보게 되었나?(왕상 6:14~23)

정답: 불말과 불병거가 산에 가득하여 엘리사를 둘러싸고 있는 것을 보게 되었다.

티칭포인트 | 기적의 선지자 엘리사

엘리사는 대선지자 엘리야의 대를 이은 선지자였습니다. 아벨므홀라 성에 거하던 사밧의 아들이요(왕상 19:16; 왕하 3:11) 부유한 농부로(왕상 19:19) 대머리였습니다(왕하 2:23).

그는 엘리야의 뒤를 이어 활동했던 선지자로, 북이스라엘의 제9대 왕 여호람에서 부터 예후, 여호아하스를 거쳐 제12대 요아스 왕까지 무려 50여 년간 영적 지도자로서의 사명을 감당했습니다(왕상 19:16, 21).

하나님은 갈멜산에서의 영적 승리 이후 침체기를 맞고 있던 엘리야에게 엘리사를 후계자로 기름 부어 세울 것을 지시하셨고, 이에 엘리야는 밭을 갈고 있던 엘리사에게 자신의 겉옷을 던짐으로써, 엘리사로 하여금 자신이 선지자로 선택되었음을 깨닫게 했습니다(왕상 19:16~21).

또한, 엘리사는 스승 엘리야처럼 많은 예언을 했습니다. 이스라엘과 유다가 모압에 승리할 것(왕하 3:16~20), 수넴 여인의 아들이 태어날 것(왕하 4:16~17), 사마리아 성의 풍부한 식량이 예비될 것(왕하 7:1), 왕의 장관의 죽음(왕하 7:2), 기근이 임함(왕하 8:1~3), 벤하닷의 죽음(왕하 8:7~10), 하사엘의 왕위 계승(왕하 8:13~15), 요아스의 승리(왕하 13:14~19) 등이 그것입니다. 또한, 그는 많은 기적을 행하기도 했습니다. 요단강을 말린 일(왕하 2:13~15), 물을 고친 일(왕하 2:19~22), 곰의 출현(왕하 2:23~25), 비 없이도 시내에 물이 가득하게 한 일(왕하 3:16~20), 모압인들을 물리친 일(왕하 3:18~20), 적군의 판단을 흐리게 한 일(왕하 3:21~23), 과부의 풍족한 기름(왕하 4:1~7), 불임을 고친 일(왕하 4:12~17), 아이를 되살린 일(왕하 4:32~37), 국의 독을 제거함(왕하 4:28~41), 부족한 음식으로 100명을 먹인 일(왕하 4:42~44), 나아만의 나병을 치유한 사건(왕하 5:1~27), 도끼를 물에서 떠오르게 한 일(왕하 6:1~7), 아람 군대를 물리친 일(왕하 6:13~23; 7:6~8)등. 뿐만 아니라 엘리사는 죽은 후에도 그의 뼈에 닿은 시체들이 회생하는 기적을 일으키기도 했습니다(왕하 13:20~21).

나누고 실천하기

1) 만약 지금 내 눈 앞에, 성경에 나온 기적이 일어난다면(예- 홍해바다의 기적, 이삭의 탄생, 예수님께서 보여주신 기적 등) 내가 가장 먼저 하는 말은 무엇일까요?

*우와!____

가이드 | 우리는 하나님께서 행하신 기적을 통해 그 일을 행하신 하나님을 더욱 바라보아야 합니다. 중요한 것은 기적이 아니라 그 일을 통해 말씀하시는 하나님의 섭리와 사랑에 있습니다. 아이들이 기적을 경험했을 때 가장 먼저 하는 말을 잘 들어보시고 그렇게 말한 이유가 무엇인지 물어봐 주시면서 눈에 나타난 기적보다 더 중요한 것은 기적을 행하신 놀라우신 하나님을 깨닫는 것에 있다는 것을 알려주세요.

2) 성경의 여러 이야기 중 하나님이 행하신 기적 중 한 가지를 골라 믿지 않는 친구들에게 설명해줄 만화 4컷을 그려보고 이를 행하신 하나님에 대해 설명하는 설명문을 작성해봅시다.

한줄 정리하기 • 한 과를 마치고 난 소감을 한줄로 기록해봅시다.

Lesson11 | **포로시대**

11. 멸망의 결정적 원인은 불순종에 있다

[공과목표]

1. 분열 이스라엘이 멸망하게 된 원인은 불순종이었음을 알게 한다.
2. 다니엘과 세 친구가 환란 속에서도 승리한 이유를 잘 설명하고 이해시킨다.

마음열기

하나님의 방법과 내 방법 중, 어느 것이 더 빠르고 정확할까요?
그렇게 생각하는 이유는 무엇인가요?

[질문] 하나님의 방법과 내 방법 중, 어느 것이 더 빠르고 정확할까요? 그렇게 생각하는 이유는 무엇인가요?

설명 | 세상을 살아가면서 우리의 경험과 지식, 때로는 고집을 의지한 채 어떤 상황을 바라보고 해결하려고 애씁니다. 그런데 조금만 시야를 넓혀보면 그것이 얼마나 어리석은 일인지 깨닫게 되지요. 우리는 하나님께서 지으신 피조물에 불과한데 피조물이 창조자보다 뛰어날 수 있을까요? 우리의 경험과 지식은 극히 제한적이고 한정적입니다. 이것을 깨닫지 못하고 자신이 좋은 데로 행동하다가 하나님과 다른 길을 걸으며 하나님께 불순종할 때가 얼마나 많은지 모릅니다. 이러한 우리의 모습을 설명해주시면서 이번 과를 통해 학생들이 우리의 문제 해결을 어디서 찾아야 하는지 깨달을 수 있도록 도와주세요.

말씀 살피기

북이스라엘과 남유다가 멸망하게 된 원인은 어디에 있습니까? 아래 말씀을 묵상해보고 괄호를 채워봅시다.

1. 가식적인 제사와 하나님께 대한 (불순종)이 원인이었습니다.

헛된 제물을 다시 가져오지 말라 분향은 내가 가증히 여기는 바요 월삭과 안식일과 대회로 모이는 것도 그러하니 성회와 아울러 악을 행하는 것을 내가 견디지 못하겠노라 내 마음이 너희의 월삭과 정한 절기를 싫어하나니 그것이 내게 무거운 짐이라 내가 지기에 곤비하였느니라(사 1:13~14)

2. 모든 문제를 (하나님)께 찾지 않고 인간적인 방법으로 찾으려 했습니다.

여호와께서 이르시되 패역한 자식들은 화 있을진저 그들이 계교를 베푸나 나로 말미암지 아니하며 맹약을 맺으나 나의 영으로 말미암지 아니하고 죄에 죄를 더하도다 그들이 바로의 세력 안에서 스스로 강하려 하며 애굽의 그늘에 피하려 하여 애굽으로 내려갔으되 나의 입에 묻지 아니하였도다(사 30:1~2)

[어떻게 가르칠까?]

남북이 멸망하게 된 원인을 잘 설명하고 특별히 다니엘과 세 친구 사건을 통해 하나님께서 기적으로 역사하신다는 사실을 가르치고 이해시키시기 바랍니다.

티칭포인트 | 북이스라엘 멸망(B.C 722년)

이스라엘의 3대 왕 솔로몬은 통치 초기시절 하나님을 의지하고 섬겼을 때, 놀라운 지혜로 나라를 다스렸습니다. 그러나 이후 이방여인과의 정략적 결혼과 우상숭배를 허용하는 등 하나님의 뜻대로 살지 못하게 되었고 그로 인해 이스라엘은 남북분열의 길을 걷게 됩니다. 그리고 이스라엘이 남북으로 분열되면서 극심한 타락이 이어지게 되었습니다.

특별히 북이스라엘은 다윗의 길로 가지 않고 여로보암의 우상의 길로 빠져들게 되었는데 이런 타락의 결과는 결국 참담한 멸망으로 이어졌습니다.
북이스라엘의 9대 왕인 호세아가 왕위에 오를 때쯤, 이스라엘은 그 힘이 약화되어 지역 소국으로 전락하게 되었고 당시 대형제국인 앗수르는 이스라엘을 침공해 북쪽 갈릴리 지방과 요단 동편을 점령하게 되었습니다. 그런 가운데 호세아 왕은 앗수르를 섬기지 않고 애굽과 손을 잡아 반란을 일으키게 되었습니다. 당시에 약소국들은 대형제국에 조공을 바치고 제국을 섬기며 살아야 했습니다.
호세아 왕은 애굽과 손을 잡고 앗수르의 그늘에서 벗어나려 했지만 그것이 실패로 돌아가게 되었고 결국 북이스라엘은 B.C 722년에 앗수르에 의해 멸망하게 됩니다. 여기서 한 가지 기억해야 할 것은 '사마리아인들이 어떻게 탄생하게 되었는가' 하는 것입니다.
사마리아성이 무너지자 앗수르 총독은 많은 사람들을 앗수르의 포로로 잡아갔습니다. 또한, 그곳에는 앗수르 민족들이 들어와 이스라엘 백성들과의 강제적인 인구 혼합이 이루어졌습니다. 그리고 이스라엘 사람과 이방 사람이 결혼하면서 결국 혼혈족이 탄생하게 되었습니다.
문제는 이런 민족 간의 혼합정책으로 앗수르의 신과 그들의 예배방식, 거짓우상이 들어오게 되었고 이로 인해 이스라엘은 종교적으로 더 심각한 타락을 맞게 되었다는 것입니다. 그리하여 그 후로 북 이스라엘 사람들은 사마리아인들을 경멸하고 무시하게 되었습니다.

티칭포인트 | 남유다 멸망(B.C 586년)
남유다 역시 북이스라엘과 마찬가지로 타락의 길을 걷고 있었습니다. 하지만 남유다에는 여호사밧 왕이나, 히스기야 왕, 요시야 왕 같이 하나님의 뜻대로 살며 개혁해 보고자 노력했던 선한 왕도 있었습니다.
그럼에도 남유다는 타락으로 인한 멸망을 피할 수 없었습니다. 북이스라엘을 점령한 앗수르는 점차로 남쪽 유다를 향했습니다. 당시 유다 왕 아하스는 앗수르와 연합하였는데 이사야 선지자는 이것이 하나님 보시기에 옳지 못한 일인 것을 알고 나서서 꾸짖었습니다.
또한, 히스기야 왕은 애굽과 연합하려 하였으나 이사야는 그것 또한 하나님께서 원치 않는 일이라 반대하기도 했습니다. 당시 이사야 선지자는 왕에게 하나님의 말씀을 대언하였습니다.

문제는 히스기야를 이은 므낫세 왕이었습니다. 므낫세 왕은 55년 동안 하나님 앞에서 악을 행했습니다. 이방 우상을 세우는가 하면 바알제단, 아세라 여신상 등을 세우고 이것에 반대하는 선지자들을 수없이 죽였습니다.
그럼에도 이런 혼란한 시대에 하나님의 말씀의 등불은 꺼지지 않았습니다. 바로 하나님의 선지자들이 있었기 때문입니다.
이 시대 대표적인 선지자는 예레미야, 스바냐, 나훔, 하박국입니다. 예레미야는 우상숭배를 꾸짖으며 회개하지 않으면 재앙이 올 것이라 꾸짖었습니다. 스바냐는 유다의 죄악에 대해 극심한 재앙을 예고하였고 하박국은 하나님의 심판의 도구로 바벨론이 쳐들어올 것을 예언하였습니다. 당시 세계를 호령하던 앗수르가 쇠퇴하여 바벨론에 의해 멸망하고 이제는 바벨론시대가 되었습니다. 이때 유다는 바벨론에 의해 멸망당하고 백성들은 포로로 잡혀가게 되었습니다.
유다는 바벨론 왕 느부갓네살에 의해 3차에 걸쳐 바벨론에 포로로 끌려가게 됩니다. 이것을 바벨론 유수라고도 합니다.

1차는 남유다의 18번째 왕인 여호야김(B.C. 609-598년경) 제3년(B.C. 605년)에 일어납니다. 이때 다니엘과 세 친구 그리고 많은 귀족들이 끌려갔습니다(단 1:1~6). 2차는 19대 왕인 여호야긴 때(B.C. 597년경)로 이때는 왕을 비롯한 지도자와 기술자들이 끌려갔습니다(왕하 24:14).
3차는 마지막 왕인 시드기야 때(B.C. 598-586년경) 입니다. 특히, 시드기야 때는 예루살렘 성이 완전히 파괴되고 성전 성물들을 모조리 약탈해갔습니다. 또한 당시 왕족이나 귀족, 학자 등 지식층과 세력가들이 모두 포로로 끌어갔고 예루살렘에는 미천한 신분만 남게 되었다고 성경은 기록하고 있습니다(왕하 24:10~16; 렘 25:9~11).
이로써 북이스라엘과 남유다는 결국 멸망했습니다. 하지만 성경은 다시 회복될 것을 말씀했습니다. 사무엘하 7장 16절 말씀에 다윗의 왕위가 영원히 견고히 서리라 하였습니다. 네 집과 네 나라가 내 앞에서 영원히 보전되고 네 왕위가 영원히 견고하리라 하셨다 하라.(삼하 7:16)
이사야 선지자는 마지막 그루터기같이 거룩한 씨가 회복될 것을 말하고 있습니다. 그 중에 십분의 일이 아직 남아 있을지라도 이것도 황폐하게 될 것이나 밤나무와 상수리나무가 베임을 당하여도 그 그루터기는 남아 있는 것 같이 거룩한

씨가 이 땅의 그루터기니라 하시더라(사6:13)

티칭포인트 | 멸망의 원인과 바벨론 포로생활의 모습

북이스라엘과 남 유다가 멸망당한 가장 근본적인 이유는 하나님께 대한 불순종이었습니다. 하나님을 의지하지 않고, 이방신들과 우상에게 절하는 영적 타락이 가장 큰 이유였습니다. 또한, 하나님께서 세운 신정국가임에도 모든 국사와 문제해결을 하나님께 찾지 않고 인간적인 방법으로 찾으려 했습니다.

이사야 선지자는 하나님을 의지하지 않고 인위적으로 문제를 해결하려는 것에 대해 경고하였습니다. 하지만 이스라엘의 지도자들은 애굽같은 외국과 동맹을 맺으면 그들의 힘으로 화를 면할 수 있다고 생각했습니다. 이스라엘 백성들과 지도자들은 모든 전쟁이 하나님께 속하였고, 하나님의 주관하심 아래 있다는 것을 믿지 않았습니다.

이스라엘 백성들은 3차에 걸쳐 포로가 되어 바벨론에서 살게 되었지만 애굽에서 노예처럼 강제 노역에 시달렸던 것과는 다르게 비교적 안락한 생활을 할 수 있었습니다. 특히, 당시 포로기 동안에도 이스라엘 민족의 자치 조직이 있었습니다. 백성의 대표자가 있었고 제사장 조직도 장로들의 조직도 있었으며 마음대로 이주할 수 있는 자유가 있었습니다(왕하 25:28).

또한, 유다에 있는 사람에게 자유로이 서신 교류도 가능했고 고용의 기회도 주어졌습니다. 이 당시 이스라엘 민족들은 바벨론의 그발 강가에서 살았는데 이곳은 유브라데 강가의 기름진 곡창지대였기 때문에 먹고사는데도 큰 어려움이 없었습니다.

하지만 나라 잃은 민족을 무시하고 괄시하였기 때문에 그들에게는 많은 설움과 핍박이 있었습니다. 시편 137편의 시는 바벨론 포로생활을 하면서 겪은 민족적 아픔과 신앙적 고초를 토로하고 있는 애잔한 시입니다. 특별히 70년대 세계적인 팝가수 보니엠에 의해 불려 우리나라에서도 크게 히트했던 〈Rivers of Babylon〉이라는 곡은 바로 시편 137편의 내용이라고 합니다.

[알고 넘어가기] 다니엘과 세친구

1. 당시 다니엘에게 주어진 지위는 무엇입니까?(단 6:1~2)

다리오가 자기의 뜻대로 고관 백이십 명을 세워 전국을 통치하게 하고 또 그들 위에 총리 셋을 두었으니 다니엘이 그 중의 하나이라 이는 고관들로 총리에게 자기의 직무를 보고하게 하여 왕에게 손해가 없게 하려 함이었더라(단 6:1~2)

정답: 바벨론의 총리

다니엘서엔 하나님께서 함께하신 놀라운 기적의 사건이 있습니다. 아래 빈칸을 채워봅시다.

2. 왕의 음식과 포도주를 거부한 다니엘은 열흘간 채식만 먹었습니다. 열흘이 흐른 후 다니엘과 세 친구의 얼굴은 어떻게 변했나요?(단 1:8~21)
정답:얼굴이 더 아름답고 살이 더욱 윤택해졌다.(15절)

3. 금 신상에 절하지 아니한 다니엘의 세 친구는 이제라도 절하면 살려주겠다는 느브갓네살 왕의 회유에 어떻게 대답했나요?(단 3:17~18)
정답:하나님은 우리를 도우시겠지만, 그렇지 않다고 해도 우리는 금 신상에 절할 수 없다.

4. 금 신상에 절하는 것을 거부해 풀무불에 던져진 세 친구는 결국 어떻게 되었나요?(단 3:25~26)
정답:불 가운데서 살아 나왔다.

5. 사자 굴에 던져졌던 다니엘은 어떻게 되었나요?(단 6:16~23)
정답: 하나님께서 사자의 입을 봉하셔서 다니엘은 털끝만큼도 상하지 않았다.

6. 왕은 이런 기적의 사건을 보고 어떤 고백을 하게 되었나요?(단 6:26~27)
정답: 살아계신 하나님을 찬양했다.

티칭포인트 | 다니엘과 세 친구

다니엘과 세 친구인 사드락, 메삭, 아벳느고는 1차 침공 때 바벨론 포로시대(B.C. 605년경)로 끌려가 바사제국의 고레스 왕 때까지 공직에 있었습니다.

다니엘 6장에 언급된 다리오 왕은 고레스로부터 위임받아 바벨론 지역을 다스린 일종의 지역 왕으로 보고 있습니다.

당시 바벨론은 단순 노역을 위한 인력뿐 아니라 총명하고, 똑똑한 젊은 자들을 바벨론으로 데려가 바벨론 식으로 교육을 시키고 자신의 제국에 합당한 일꾼으로 키우기도 했습니다. 그래서 다니엘과 세 친구를 데려갔던 것입니다. 다니엘은 악조건 속에서도 하나님을 의지하고 섬김으로 하나님의 놀라운 기적의 역사를 보여주었습니다.

특별히 사자 굴에서 살아난 다니엘 이야기라든지, 풀무불 가운데에서 살아난 다니엘의 세 친구 이야기는 다윗과 골리앗 이야기만큼이나 아이들에게 인기있는 승리의 이야기입니다. 다니엘은 '하나님께서 심판하신다.' 라는 이름의 뜻을 가진 자였습니다. 또한, 다니엘서는 많이 읽히는 성경중 하나로 1~6장까지는 가장 잘 알려진 성경 중의 하나입니다. 7장부터는 다소 무거운 묵시적 계시내용이 기록되어있습니다. 기록 장소로는 다니엘이 바벨론과 바사 제국에서 고위 관리로 활동했음을 고려하면, 바벨론이나 바사 제국의 중심 도시인 바벨론에서 기록되었을 것으로 보고 있습니다.

다니엘서는 아무리 세상 권력이 막강해도 세상의 모든 힘과 권력은 하나님의 절대주권 아래 있음을 잘 보여줍니다. 또한, 믿음을 지키는 자들이 당장 현실 세계에서는 고난을 받을 수 있으나 끝까지 믿음을 지킬 때 하나님께서는 반드시 도우시고 은혜를 베푸는 분이심을 증명해주고 있습니다.

7. 아래 도표는 주요 시대에 활동했던 주요 선지자들을 보여주는 도표입니다.
괄호에 공통적인 분은 누구인지 괄호를 채워봅시다.

선지자는 (하나님)으로부터 계시를 받아 (하나님)의 말씀을 대신 전하는 말씀 전달자로, 주로 꿈이나 환상을 통해 하나님의 계시를 전달 받았습니다.
정답: 하나님

시대	선포대상	활동한 선지자
포로기전	이스라엘	호세아, 아모스
	유다	이사야, 예레미야, 요엘, 미가
	앗수르	요나, 나훔
	에돔	하박국
포로기	바벨론	에스겔, 다니엘
포로기후	이스라엘 통일왕국시대	학개, 스가랴 말라기

티칭포인트 | 구약시대의 하나님의 메신저 선지자

선지자는 하나님으로부터 계시를 받아 하나님의 뜻과 섭리를 전하는 대언사를 말합니다. 이들은 주로 꿈이나 환상을 통해 하나님의 계시를 전달받았습니다.
선지자는 직문적인 면에서 예언(豫言)과 선견(先見)의 두 단면이 있습니다.
하나님으로부터 영감을 받고 백성에게 예언하는 것과 이상이나 신탁을 통해 하나님의 뜻을 전하는 선견자의 역할로 나뉘었습니다(왕하 17:13). 또 선지자 밑에서 배우던 선지학교의 생도들도 있었던 것으로 추정됩니다(삼상 19:19~20; 왕하 2:3~5; 4:38; 6:1). 하지만 올바른 하나님의 선지자들이 있는 반면에 거짓선지자들이 많아 하나님의 온전한 뜻을 방해하는 무리들도 있었습니다.
모세를 탁월한 선지자로 보나(신 18:18), 선지자 직분은 실제적으로 사무엘에서부터 시작된다고 볼 수 있습니다.
구약의 선지자들은 왕국시대를 거치면서 크게 이사야, 예레미야, 에스겔, 다니

엘의 대선지자와 열두 명의 소선지자들로 구분할 수 있습니다.

신약에 와서도 선지자는 있었습니다. 세례 요한, 아가보, 그리고 요한계시록을 쓴 요한이 그에 해당한다고 볼 수 있습니다. 하지만 성경이 완성되어 더는 하나님의 예언이 불필요하게 되었고, 그와 더불어 초대교회 이후 교회에서 선지자 직책은 사라지게 되었습니다.

말씀 살피기

1) 나에게 문제가 생겼을 때, 내가 제일 먼저 하는 일은 무엇인가요? 그 이유는 무엇인가요?

가이드 | 여러 가지 대답이 나올 것입니다. 부모님께 말씀드린다, 책을 찾아본다, 인터넷을 검색한다, 친한 친구에게 상담한다, 기도한다 등등. 학생들의 솔직한 나눔을 충분히 들어주시고 그 이유도 들어보시면서 학생들 각자가 현재 가장 의지하고 있는 것을 살펴봐주시고 인간적인 방법과 생각과는 비교할 수 없는 하나님의 일하심과 도우심에 대해 설명해주세요.

2) 한 주간 아래의 성경구절을 암송해봅시다.

시편 56:4 내가 하나님을 의지하고 그 말씀을 찬송하올지라 내가 하나님을 의지하였은즉 두려워하지 아니하리니 혈육을 가진 사람이 내게 어찌하리이까

잠언 3:5~6 너는 마음을 다하여 여호와를 신뢰하고 네 명철을 의지하지 말라 너는 범사에 그를 인정하라 그리하면 네 길을 지도하시리라

여호수아 1:9 내가 네게 명령한 것이 아니냐 강하고 담대하라 두려워하지 말며 놀라지 말라 네가 어디로 가든지 네 하나님 여호와가 너와 함께 하느니라 하시니라

한줄 정리하기 • 한 과를 마치고 난 소감을 한줄로 기록해봅시다.

Lesson1 | **귀환시대**

1.2 다시 희망을 품고 돌아오다

[공과목표]

1. 이스라엘 백성들이 포로에서 예루살렘 귀환한 역사적 사실을 이해 시키고, 귀환의 지도자 스룹바벨과 에스라, 느헤미야의 사역을 잘 배운다.

마음열기

내가 죄를 지었어도 하나님 앞에 회개한다면 내 죄를 용서하시고 회복하시는 하나님을 믿나요?

[질문] 내가 죄를 지었어도 하나님 앞에 회개한다면 내 죄를 용서하시고 회복하시는 하나님을 믿나요?

설명 | 유치부 아이들 찬양 중에 이런 가사가 담긴 찬양이 있습니다. '하나님께 죄를 지어 마음이 괴로울 때, 두려워 마세요. 용기를 내세요. 숨김없이 말하면 나의 죄를 용서하세요. 흰 눈처럼 양털처럼 하얗게 씻어주세요'. 잔잔하지만 마음을 울리는 가사가 아닌가 싶습니다. 가사의 내용처럼 하나님께서는 우리의 죄를 주님 앞에 가지고 나아가 고백할 때 하얗게 씻어주시고 용서해주시는 분이십니다. 오늘 배울 내용도 이와 같은 맥락에서 살펴볼 수 있지요. 하나님께서는 죄악 가운데 있던 이스라엘 백성들을 다시 회복시키시는 하나님의 놀라운 사랑을 발견할 수 있습니다. 오늘 말씀을 통해 학생들이 공의와 사랑의 하나님을 깨달을 수 있도록 인도해주세요.

말씀 살피기

1. 바사왕 고레스는 포로로 잡혀온 이스라엘 백성들에게 어떤 말을 했습니까? 또한 백성들은 어떻게 행동하였습니까?(스 1:1~6)

1 다리오 왕 제이년 여덟째 달에 여호와의 말씀이 잇도의 손자 베레갸의 아들 선지자 스가랴에
게 임하니라 이르시되 2 여호와가 너희의 조상들에게 심히 진노하였느니라 3 그러므로 너는 그
들에게 말하기를 만군의 여호와께서 이처럼 이르시되 너희는 내게로 돌아오라 만군의 여호와의
말이니라 그리하면 내가 너희에게로 돌아가리라 만군의 여호와의 말이니라 4 너희 조상들을 본
받지 말라 옛적 선지자들이 그들에게 외쳐 이르되 만군의 여호와께서 이같이 말씀하시기를 너희
가 악한 길, 악한 행위를 떠나서 돌아오라 하셨다 하나 그들이 듣지 아니하고 내게 귀를 기울이
지 아니하였느니라 여호와의 말이니라 5 너희 조상들이 어디 있느냐 또 선지자들이 영원히 살겠
느냐 6 내가 나의 종 선지자들에게 명령한 내 말과 내 법도들이 어찌 너희 조상들에게 임하지
아니하였느냐 그러므로 그들이 돌이켜 이르기를 만군의 여호와께서 우리 길대로, 우리 행위대로
우리에게 행하시려고 뜻하신 것을 우리에게 행하셨도다 하였느니라(슥 1:1~6)

정답:고레스 왕은 이스라엘의 하나님은 참 신이라 고백하였다. 또한, 백성된 자들은 다 예루살렘으로 올라가서 성전을 건축하라 하였다. 성전을 건축 하고자 하는자는 다 예루살렘으로 갔고, 남아있는 자들은 은 그릇, 금, 짐승과 보물과 예물을 드렸다.

[어떻게 가르칠까?]

이스라엘이 바벨론 포로생활에서 돌아오게 된 이유를 잘 설명해 줍니다. 또한 3차에 걸친 예루살렘 귀환을 이끈 스룹바벨, 에스라, 느헤미야가 한 일을 잘 설명해주고, 예수님께서 오시기 전까지의 성경에 기록되지 않은 중간기에 대해서도 간단히 설명 해주세요.

티칭포인트 |

이스라엘 백성들은 70여 년에 걸친 포로 생활을 하게 되었는데 바사(페르시아) 제국의 고레스 왕이 바벨론을 멸망시키고 모든 포로들이 본토로 돌아가도 좋다는 본토 귀환령을 내리게 되었습니다. 성경에는 하나님께서 고레스에게 감동을 주셨다고 기록하고 있습니다. 이로서 이스라엘은 70년간의 포로생활을 마감하게 되었습니다. 백성들은 고레

스의 칙령 후 세 차례에 걸쳐 단계적으로 고향으로 돌아가게 됩니다.
민족 지도자들의 노력으로 백성들은 귀환하기 시작하였고, 백성들은 무너진 성전을 다시 건축하고, 성벽을 재건하는 등 회복운동을 전개하였고 저들의 무너진 신앙회복운동도 전개하였습니다. 이처럼 바벨론에서 유다로의 귀환은 3차에 걸쳐 진행됩니다.

티칭포인트 | 예루살렘으로 귀환

1차 귀환(스 1~6장)
1차 귀환을 주도하고 이끌었던 지도자는 스룹바벨이었습니다. 당시 고국은 암담한 현실 그 자체였습니다. 또한 70년간 포로생활로 자녀들은 고국의 언어를 잊었고 많은 혼혈아도 양산되었습니다. 1차로 돌아온 이스라엘 백성들은 지도자들에 의해 먼저 성전건축을 시작하게 되었습니다. 성전재건은 스룹바벨과 학개, 스가랴 선지자들의 주도로 이루어졌습니다. 성전재건은 다리오 왕 6년에 봉헌하게 되었는데 이 성전을 스룹바벨 성전이라 합니다. 하지만 솔로몬의 성전에 비해서는 매우 초라했습니다.

2차 귀환(스 7~10장, 느 7~10장)
이 시기에는 학사 에스라가 영적각성운동과 말씀운동을 펼쳤습니다.
2차 포로 귀환은 아닥사스 왕의 통치기간 중에 에스라에 의해 이루어졌는데, 성전이 완공되고 58년이 지난 후 포로 귀환자들이 영적으로 타락한 기간이었습니다. 이스라엘 백성들은 이방민족과의 잡혼으로 가증한 행위를 본받았습니다. 에스라는(스 10:1~5, 10~11) 백성들에게 회개를 촉구하였고, 또한 이방여인을 끊어버리라고 명하였습니다.
또한, 에스라는 모세율법을 이해시키면서 깨닫게 하였고(느 8:5~9) 유대인들은 감동의 눈물을 흘리며 회개기도를 드렸습니다.

3차 귀환(느 1~7장)
3차 귀환의 지도자는 느헤미야였습니다. 느헤미야는 아닥사스다의 술 맡은 고위 관원이었습니다. 당시 근동지방의 풍습에 의하면 술잔을 맡긴다는 것은 목숨을 맡기는 것과 다름없었습니다. 당시 정세는 권력의 투쟁과 음모가 상존하여 늘 독살의 위험이 도사리고 있기 때문이었습니다. 그래서 느헤미야가 술 관원이었다는 것은 대단히 높은 자리에서 왕의 신임을 받았다는 것입니다. 그러나 느헤미야는 왕궁의 안락한 생활을 버리고 자원하여 유대 총독으로 부임합니다. 그래서 3차 포로귀환과 예루살렘 성벽재건이라는 사명을 감당하게 됩니다. 반대자도 많았지만, 느헤미야는 52일만에 성벽을 완성하였습니다.

[알고 넘어가기]

1. 이스라엘 백성들이 바벨론의 포로생활에서 고국으로 3차에 걸쳐 귀환하게 됩니다. 아래 성경말씀을 살펴보고 빈칸을 채워봅시다.

구분	인솔자	주요 활동
1차 귀환(B.C 536년)	스룹바벨	훼파된 성전건축
2차 귀환(B.C 458년)	에스라	율례와 규례 가르침
3차 귀환(B.C 445년)	(느헤미야)	성벽중건

스룹바벨

2. 스룹바벨에 관한 내용입니다. 괄호를 채워보며 읽어봅시다.

스룹바벨은 스알디알의 아들로 포로로 잡혀간 여호야긴의 손자입니다. 그는 (1차) 귀환의 지도자로서 (성전건축)의 사명을 띠고 예루살렘으로 귀환하게 되었습니다. 성전건축은 순탄치 않았습니다. 사마리아인들이 방해하였고, 모든 사람들은 방관과 대적들의 모함으로 성전건축이 15년이나 중단되는 일도 발생하였습니다. 결국 작업이 재개되어 성전을 완성하였는데 (솔로몬)의 성전과는 비교할 수 없을 정도로 초라했습니다.

정답 : 1차, 성전건축, 솔로몬

티칭포인트 | 스룹바벨

스룹바벨은 '바벨론 출생' 이란 이름의 뜻을 가지고 있습니다. 그는 유다 왕 여호야긴의 손자이고 브다야의 아들로(스 3:2; 학 1:1), 유다 왕위 계승자였습니다(대상 3:17~19). 스룹바벨은 대제사장의 아들인 예수아와 함께 예루살렘에 귀환하여 먼저 번제단을 세우고 새 성전의 기초를 놓기 시작했습니다. 스룹바벨의 성전 재건 사역(B.C. 538-470년)은 대적들의 모함으로 일시 중지되었고(스 4:6~7), 다리오 2년(B.C. 520년)에 작업이 재개되어 4년 후에 완공되었습니다(슥 6:13~22). 학개 선지자는 성전을 재건한 스룹바벨을 '하나님의 종'이라고 부르며, 하나님의 날에 인(印)을 삼을 것이라고 하였습니다(학 2:23). 곧 학개 선지자는 스룹바벨을 장차 오실 메시야를 예표하는 것으로 보았던 것입니다.

에스라

3. 에스라에 관한 내용입니다. 괄호를 채워보며 읽어봅시다.

에스라는 유대인들이 오랜 바벨론 생활을 마치고 돌아온 뒤 대대적인 종교개혁을 이끈 자였습니다. 또한 (느헤미야)의 협력자이기도 했습니다(느 8~10장). 예루살렘에 도착한 그는 무엇보다 (율법) 교육에 힘을 쏟았습니다. 또한 (유월절) 및 초막절을 준수하고, 이방 여인과 결혼한 자에 대한 정결 작업을 감행하였습니다. 또한, 회당을 세우는 일을 주도하였습니다.

정답: 느헤미야, 율법, 유월절

4. 에스라가 백성들에게 당부한 것은 무엇이었습니까? 또한 에스라의 말을 듣고 백성들은 어떻게 대답하였습니까?(에스라 10:11~15)

11 이제 너희 조상들의 하나님 앞에서 죄를 자복하고 그의 뜻대로 행하여 그 지방 사람들과 이방 여인을 끊어 버리라 하니 12 모든 회중이 큰 소리로 대답하여 이르되 당신의 말씀대로 우리가 마땅히 행할 것이니이다 13 그러나 백성이 많고 또 큰 비가 내리는 때니 능히 밖에 서지 못할 것이요 우리가 이 일로 크게 범죄하였은즉 하루 이틀에 할 일이 아니오니 14 이제 온 회중을 위하여 우리의 방백들을 세우고 우리 모든 성읍에 이방 여자에게 장가든 자는 다 기한에 각 고을의 장로들과 재판장과 함께 오게 하여 이 일로 인한 우리 하나님의 진노가 우리에게서 떠나게 하소서 하나 15 오직 아사헬의 아들 요나단과 디과의 아들 야스야가 일어나 그 일을 반대하고 므술람과 레위 사람 삽브대가 그들을 돕더라

정답: 에스라 – 하나님께 회개하고, 이방여인을 끊어버리라.
이스라엘 백성 – 백성들은 행할 것을 다짐함.

5. 에스라는 예루살렘으로 귀환한 이스라엘 백성들에게 하나님의 말씀을 전했습니다. 아래 행동에 따라 빈칸을 채워봅시다.(느 8:1~10)

1 이스라엘 자손이 자기들의 성읍에 거주하였더니 일곱째 달에 이르러 모든 백성이 일제히 수문
앞 광장에 모여 학사 에스라에게 여호와께서 이스라엘에게 명령하신 모세의 율법책을 가져오기
를 청하매 2 일곱째 달 초하루에 제사장 에스라가 율법책을 가지고 회중 앞 곧 남자나 여자나
알아들을 만한 모든 사람 앞에 이르러 3 수문 앞 광장에서 새벽부터 정오까지 남자나 여자나 알
아들을 만한 모든 사람 앞에서 읽으매 뭇 백성이 그 율법책에 귀를 기울였는데 4 그 때에 학사
에스라가 특별히 지은 나무 강단에 서고 그의 곁 오른쪽에 선 자는 맛디댜와 스마와 아나야와 우
리야와 힐기야와 마아세야요 그의 왼쪽에 선 자는 브다야와 미사엘과 말기야와 하숨과 하스밧다
나와 스가랴와 므술람이라 5 에스라가 모든 백성 위에 서서 그들 목전에 책을 펴니 책을 펼 때
에 모든 백성이 일어서니라 6 에스라가 위대하신 하나님 여호와를 송축하매 모든 백성이 손을
들고 아멘 아멘 하고 응답하고 몸을 굽혀 얼굴을 땅에 대고 여호와께 경배하니라 7 예수아와 바
니와 세레뱌와 야민과 악굽과 사브대와 호디야와 마아세야와 그리다와 아사랴와 요사밧과 하난
과 블라야와 레위 사람들은 백성이 제자리에 서 있는 동안 그들에게 율법을 깨닫게 하였는데 8 하
나님의 율법책을 낭독하고 그 뜻을 해석하여 백성에게 그 낭독하는 것을 다 깨닫게 하니 9 백성
이 율법의 말씀을 듣고 다 우는지라 총독 느헤미야와 제사장 겸 학사 에스라와 백성을 가르치는
레위 사람들이 모든 백성에게 이르기를 오늘은 너희 하나님 여호와의 성일이니 슬퍼하지 말며
울지 말라 하고 10 느헤미야가 또 그들에게 이르기를 너희는 가서 살진 것을 먹고 단 것을 마시
되 준비하지 못한 자에게는 나누어 주라 이 날은 우리 주의 성일이니 근심하지 말라 여호와로 인
하여 기뻐하는 것이 너희의 힘이니라 하고(느 8:1~10)

에스라가 수문 앞 광장에서 하나님의 말씀을 펼칠 때 이스라엘 백성들은 (일어섰다) 또한, 여호와 하나님을 송축할 때 (아멘)으로 화답하고 여호와께 경배하였다. 율법의 말씀을 전하고 깨닫게 할 때 백성들은 다 감동하여 (울었다).

정답: 일어섰다, 아멘, 울었다

티칭포인트 | 에스라

에스라는 유대인들이 오랜 바벨론 생활을 마치고 돌아온 뒤 대대적인 종교개혁을 이끈 자였습니다. 에스라는 '하나님은 도우신다' 라는 이름의 뜻을 가지고 있습니다. 에스라는 아론의 16대손이자, 대제사장 힐기야의 후손으로(스 7:1, 5) 모세 율법에 능한 서기관(학사)요, 제사장(스 7:6, 11~12, 21; 8:1)이었습니다. 또한, 느헤미야의 협력자이기도 했습니다(느 8~10장).

바벨론 제2차 포로 귀환 때, 곧 바사 왕 아닥사스다 1세 재위 7년경에 신앙 개혁을 위해 예루살렘으로의 귀환을 왕에게 허락받아 1,800명의 유다인들과 함께 유다 땅으로 돌아왔습니다(스 7:8~8:17). 그는 예루살렘으로 떠나기 전 먼저 아하와 강가에서 금식한 후(스 8:21~23), 출발하여 하나님의 도움으로 예루살렘에 무사히 도착할 수 있었습니다(스

8:31~32). 예루살렘에 도착한 그는 무엇보다 율법 교육에 힘을 쏟기로 결심하고(스 7:10), 백성에게 율법을 낭독하며 설명도 해주었습니다(느 8:1~8).
또한, 그는 유월절 및 초막절을 준수하고, 이방 여인과 결혼한 자에 대한 정결 작업을 감행하여 회복된 유다 땅 안에서 철저히 거룩과 경건이 유지되도록 하였습니다(스 9:1~10:3). 이외에도 그는 구약성경을 취집하고(에스라서와 역대상 · 하의 저자) 회당을 창설하는 등의 일을 주도한 것으로 알려져 있습니다.

느헤미야

6. 느헤미야에 관한 내용입니다. 괄호를 채워보며 읽어봅시다.

느헤미야는 페르시아 왕궁에서 (아닥사스 왕)의 술 맡은 관원장이었습니다. 느헤미야는 고국 예루살렘의 슬픈 소식을 듣고 왕에게 자신이 안전하게 예루살렘에 돌아가서 (성벽)을 건축하는 일을 허락해달라고 요청합니다. 왕은 허락하여 군대장관과 마병까지 공급해주었습니다. 느헤미야는 예루살렘으로 와서 성벽 재건을 진행했지만 외부로부터 심한 반대에 부딪혔습니다. 하지만 느헤미야는 지혜롭게 기도하며 모든 일을 감당하였습니다.

정답: 아닥사스왕, 성벽

7. 느헤미야는 예루살렘의 슬픈소식을 듣고 하나님께 회개 기도하였습니다. 아래 말씀을 찾아 괄호를 채워봅시다.(느 1:6~7)

6 이제 종이 주의 종들인 이스라엘 자손을 위하여 주야로 (기도)하오며 우리 이스라엘 자손이 주께 범죄한 죄들을 (자복)하오니 주는 귀를 기울이시며 눈을 여시사 종의 (기도)를 들으시옵소서 나와 내 아버지의 집이 범죄하여 7 주를 향하여 크게 악을 행하여 주께서 주의 종 모세에게 명령하신 계명과 율례와 규례를 지키지 아니하였나이다(느 1:6~7)

티칭포인트 | 느헤미야

느헤미야는 바사 왕 아닥사스다(B.C. 464-424년경) 시대의 인물입니다. 그는 바벨론 포로였지만 바사 왕의 술 관원장으로 성공한 인물이었습니다. 하지만 그는 예루살렘이 황폐하게 되었다는 소식을 듣고 안타까운 마음에 이를 복구하기로 작정합니다. 그리고 예루살렘으로 돌아와 예루살렘 성벽재건에 착수합니다. 주변 족속들의 수많은 방해와 위협에도 불구하고 인내와 성실로 성벽재건 공사를 마무리하였습니다. 느헤미야는 자신의 부귀영화보다는 하나님의 일을 더 중요하게 여겼고, 어려움 속에서도 낙심하지 않고 유대 백성들을 위로하고 힘을 북돋워주며 독려하였던 진정한 하나님의 리더였습니다.

티칭포인트 | 그 이후 ~ 중간시대

느헤미야가 죽고 난 이후에 이스라엘 백성들은 또다시 하나님의 약속을 어기고 우상과 타락을 일삼았습니다. 심지어 하나님 것을 도둑질하는 죄악까지 저질렀습니다. 이런 상황에서 말라기 선지자가 등장하게 됩니다. 말라기 선지자는 이스라엘의 죄악을 책망하며 하나님 앞에 바로 설 것을 촉구하였습니다.

특별히 말라기는 이방인과 결혼하는 것, 올바로 십일조를 드리지 못하는 것을 지적하였습니다. 또한, 앞으로 오실 메시아를 고대하면서 구약은 마무리하게 됩니다.

이후, 예수님이 오시기까지 400년간 하나님의 말씀이 선지자를 통해 나타나지 않았습니다.그래서인지 이 시대를 침묵의 시대라고도 말합니다. 하지만 하나님의 말씀이나 인간을 향한 구원의 계획과 이끄심이 사라진 것은 아닙니다.

이 시기에 알렉산더가 세계를 정복하게 되고, 이후 마카비 시대에 이스라엘은 로마의 속국이 되고 맙니다. 이 시대 가장 중요한 일중 하나가 70인역 성경이 헬라어로 번역된 일입니다. 이로써 히브리어를 모르는 흩어진 유대인들이 하나님의 말씀을 접할 기회를 얻게 되었고 유대교를 전하는 계기가 되었습니다. 또한, 이방인들이 유대교로 개종하는 일들도 많아졌으며, 바리새파, 사두개파, 엣센파 이후 셀롯당까지 유대교 종파가 형성됩니다. 이후 시간이 흘러 요단 강가에서 세례요한이 회개의 세례를 베풀고 이후 예수님께서 오셔서 공생애사역을 감당하시며 신약시대가 도래하게 됩니다.

나누고 실천하기

1) 지금 나의 주변에 도움이 필요한 곳은 어디인가요? 그리고 그것을 위해 내가 할 수 있는 것은 무엇인지 나눠봅시다.

티칭포인트 | 누구에게나 혹은 어느 공동체에나 회복이 필요한 부분이 있을 것입니다. 그것이 사람 간의 관계일 수도 있고 기도의 시간 혹은 말씀의 부재 등이 그렇습니다. 아이들 스스로 회복이 필요한 곳과 필요한 부분이 무엇인지 충분히 생각할 수 있는 시간을 주시고 그것을 위해 작은 손길이라도 도울 수 있는 방법까지 이끌어낼 수 있도록 격려해주세요.

2) 한 주간 회복과 희망이 필요한 곳에서 주님의 사랑을 전하고 느낀 점을 함께 나눠봅시다.
(예- 가까운 노인정 방문하기, 혼자 살고 계시는 어르신 댁 방문하기, 사랑과 관심이 필요한 보육원 방문하기 등등)

한줄 정리하기 • 한 과를 마치고 난 소감을 한줄로 기록해봅시다.

구약 연대표

연대	시대	사건들	관련성경
오래전	**창조시대**	천지창조, 아담과 하와 창조, 홍수심판	창세기
B.C 2000	**족장시대** 아브라함 이삭 야곱	아브라함 부르심, 유대 민족의 조상 세우심. 요셉이 애굽의 종으로 팔려감. 이후 요셉의 후손들은 애굽의 노예생활함.	욥기
B.C 1700	**애굽생활**	지도자 모세를 세우심	
B.C 1400	**출애굽**	10가지 재앙, 모세를 지도자로 출애굽 홍해 건너 광야생활, 십계명, 금송아지 사건, 성막, 언약궤	출애굽기 레위기 민수기 신명기
B.C 1300	**사사시대**	여호수아가 지도자로 가나안 입성. 12명의 사사 등장	여호수아 사사기 룻기 사무엘상 사무엘하
B.C 1020	**통일왕국시대** 사울 다윗 솔로몬	1대 사울, 2대 다윗, 2대 솔로몬 왕을 세우심. 최후의 사사, 최초의 선지자 사무엘 등장. 사울이 다윗을 살해하려 함. 다윗의 두아들이 다윗에게 반역하여 왕위 찬탈하려함. 밧세바 사건, 솔로몬 출생, 예루살렘 성전 건축	열왕기상 열왕기하 역대상 역대하
B.C 900	**분열왕국**	솔로몬이 죽은 후 북이스라엘(10지파)와 남유다(2지파)로 분열됨	이사야 예레미야 예레미야애가 호세아 요엘 아모스 오바댜 요나 미가 나훔 하박국 스바냐 시편 잠언 전도서 아가서
B.C 850		엘리야 선지자가 이스라엘 이끔, 제자 엘리야가 계승	
B.C 800		이사야, 요엘 선지자가 남유다위해, 호세아 아모스선지자는 북이스라엘 위해 예언 미가선지자는 남북왕국위해, 요나, 나훔 선지자 는 니느웨 위해, 오바댜는 에돔을 향헤 예언	
B.C 722	**북이스라엘 멸망**	페르시아에 의해 멸망	
B.C 586	**남유다멸망**	유대인들 바벨론에 포로로 끌려감. 예레미야, 에스겔, 다니엘 선지자 활동	
	바벨론유수		에스겔 다니엘 학개 스가랴 말라기
B.C 500	**예루살렘 귀환**	에스라 인도로 1차 포로귀환, 성전재건 시작 성전재건 완성, 고레스 왕 페르시아통치, 에스 라, 느헤미야가 이스라엘 지도, 학개, 스가랴 선 지자 활동	에스라 느헤미야 에스더

신약 연대표

<table>
<tr><th>연대</th><th>시대</th><th>사건들</th><th>관련성경</th></tr>
<tr><td>B.C 400</td><td>신구약
중간기</td><td>히브리어로 된 구약성경을 헬라어로 옮긴 70인역 성경 번역</td><td></td></tr>
<tr><td>A.D 1~3</td><td rowspan="2">복음시대</td><td>성경의 예언대로 메시아로 예수님 탄생하심</td><td rowspan="2">마태복음
마가복음
누가복음
요한복음</td></tr>
<tr><td>A.D 30</td><td>예수님께서 십자가에 죽으심, 사흘만에 부활, 승천하심, 오순절 성령임재사건</td></tr>
<tr><td>A.D 50</td><td rowspan="10">사도시대

교회시대</td><td>백부장 고넬료 회개, 예수님들에게 그리스도인이라는 이름 붙여짐, 야고보의 순교</td><td>사도행전</td></tr>
<tr><td>A.D 60</td><td>바울과 사도들이 초대교회 서신 보냄.</td><td rowspan="8">[바울서신]
데살로니가전서
데살로니가후서
고린도전서
고린도후서
로마서
골로새서
갈라디아서
빌레몬서
빌립보서
디도서
디모데전서
에베소서
디모데후서

[일반서신]
야고보서
베드로전서
베드로후서
히브리서
유다서
요한1 2 3서</td></tr>
<tr><td>A.D 65</td><td>복음서와 사도행전 기록</td></tr>
<tr><td>A.D 70</td><td>유대민족이 로마에 거함. 로마군의 예루살렘 성 함락. 성전파괴, 유대인들 전세계로 흩어짐.</td></tr>
<tr><td>A.D 85</td><td>요한복음 기록</td></tr>
<tr><td>A.D 90</td><td>초대교회에서 바울의 편지를 돌려보기 시작함. 사도요한 밧모섬 유배</td></tr>
<tr><td>A.D 100</td><td>사복음서가 하나로 묶여 그리스도인들 사이에 통용됨</td></tr>
<tr><td>A.D 120</td><td>바울서신 13편 하나로 묶여 통용됨.</td></tr>
<tr><td>A.D 400</td><td>27권의 신약성경 권위있는 정경으로 인정됨.</td><td>요한계시록</td></tr>
</table>

"청소년 바로세우기 시리즈 커리큘럼"

1년 차 신앙입문	**Teen G3 0단계 1~4권** [총 4권, 48주 1년 과정]
	1권 **믿음생활 시작하기 Start!** (믿음의 기초 이해하기)
	2권 **복음의 기초 다지기 Start!** (죄와 구원)
	3권 **믿음의 습관 길들이기 Start!** (다양한 관계 속에서 믿음생활)
	4권 **성경인물 따라하기 Start!** (믿음생활을 배우고 삶 속에 적용하는 과정)
2년 차상반기과정	Teen G3 1, 2단계 [복음+전도] 1권 **전도는 부끄러운 일이 아니야 Start!**
	Teen G3 3, 4단계 [양육+리더] 2권 **나는 내 교회 리더가 될거야 Start!**
2년 차 하반기과정	Teen G3 성경 • 구약1 [천지창조~사사시대]
	Teen G3 성경 • 구약2 [통일왕국~포로귀환시대]
3년 차 상반기과정	Teen G3 성경 • 신약1 [복음시대] – 곧 출간 됩니다.
	Teen G3 성경 • 신약2 [사도시대] – 곧 출간 됩니다.

기초과정 1권 믿음생활 시작하기

단계	제목(주제말씀)	배울내용	스토리텔링	핵심성경구절
0단계 1권	1. 내가 살아가는 이유? (창1:26~28)	삶의 목적	베드로를 부르시는 예수님	고전10:31, 사43:7
	2. 교회는 왜 다녀야 하나요? (마16:16~18)	교회	베드로의 신앙고백	요4:24, 시50:23
	3. 성경은 어떤 책인가요? (딤3:16~17)	성경	내 양을 먹이라	눅24:27, 고후13:3
	4. 예배는 왜 드려야 하나요? (요4:24)	예배1	아브라함의 순종	시57:17, 요4:24, 시50:23
	5. 예배는 어떻게 드려야 하나요? (롬12:1)	예배2	나아만 장군 이야기	롬12:1, 신4:15~19
	6. 안식일이 왜 주일이 되었나요? (눅24:1~3)	주일의미	다니엘의 믿음	요20:19, 신5:13~14, 호6:6
	7. 주일은 하나님께 구별하여 드리는 날이에요(창2:3)	주일성수	엘리야의 기적	창2:3, 사58:13
	8. 하나님은 어떤 분이신가요? (요일4:8)	하나님	말라기 선지자 이야기	창6:6~7, 출3:14, 시90:2
	9. 예수님은 누구신가요? (빌2:6~8)	예수님	앉은뱅이를 일으킨 능력	요1:1, 요20:31, 눅5:32
	10. 성령님은 누구신가요? (행1:8)	성령님1	오순절 성령강림사건	행1:8, 고전12:11, 요3:5~8
	11. 성령님은 어떤 일을 하시나요? (요14:26)	성령님2	바울의 동역자들	롬8:11, 요16:13, 요3:5
	12. 우리가 죄인인가요? (요일3:4)	죄	눈물로 회개한 다윗 왕	신8:1, 신29:9, 롬14:23

기초과정 2권 복음의 기초 다지기

단계	제목(주제말씀)	배울내용	스토리텔링	핵심성경구절
0단계 2권	1. 내가 할 수 없는 것 (롬3:23~24)	인간	부활하신 예수님	잠27:1, 전3:11, 요14:6
	2. 원죄란 무엇인가요? (창2:16~17)	죄문제1	요나 이야기	롬5:19, 약4:17, 창3:5~6
	3. 아담의 죄가 왜 우리의 죄가 되었나요? (롬5:12)	죄문제2	노아의 홍수	행17:26, 롬5:18~19, 창3:17
	4. 죄로 인해 우리는 어떻게 변질되었나요? (롬3:23)	죄문제3	구원받은 삭개오	롬1:21~23, 히9:27, 롬6:23
	5. 예수님, 회개합니다 (행2:37~38)	회개	위로의 아들 바나바	롬5:12, 사1:18, 행2:37
	6. 예수님을 소개합니다 (마16:16)	예수님1	예수님의 탄생 이야기	마16:16, 마1:16, 요20:31
	7. 예수님은 왜 이 땅에 오셨나요?(요3:16)	예수님2	베드로의 신앙고백	눅5:32, 마20:28, 롬10:19
	8. 예수님의 핵심 다섯 가지 (빌2:5~11)	예수님3	제자들의 발을 씻겨주신 예수님	마1:23, 롬3:25~26 행1:8~9
	9. 예수님의 능력 (요11:25~26)	예수님4	요한과 야고보 이야기	눅8:24, 요11:25~26
	10. 구원받는 방법 (롬10:9~10)	구원	부자와 나사로 이야기	히10:25, 히4:12, 마7:7~8
	11. 예수 믿게 된 것은 대박이다 (행2:42~47)	거듭남	백부장의 믿음	요1:12~13, 고후5:17
	12. 교회에서 신앙생활하는 방법(엡1:22~23)	신앙생활	바울과 바나바 이야기	엡5:29~30, 엡1:23, 행2:42~47

기초과정 3권 믿음의 습관 길들이기

단계	제목(주제말씀)	배울내용	스토리텔링	핵심성경구절
0단계 3권	1. 믿음은 행동이야~ (마5:13~16)	믿음이란	바울의 믿음	히11:1~2, 롬10:17, 약2:26
	2. 말씀읽기부터 시작하자 (요20:30~31)	말씀읽는습관	사단의 세 가지 시험	신17:19, 계1:3, 시1:2~3
	3. 밥 먹을 때만 기도하지마 (약1:6~7)	기도하는습관	한나의 기도	요일5:14, 시66:18~20 눅18:11~13
	4. 전도는 즐거운 일이야~ (마28:18~20)	전도하는습관	사울의 회심	딤전2:4, 눅15:7, 마28:18~20, 행1:8
	5. 입술에 파수꾼을 세우라 (약3:2)	바른언어사용 습관	솔로몬의 지혜	약3:5~12, 마15:11, 잠18:21
	6. 말씀따라 행동하자 (골3:23~24)	말씀따라 행동하는 습관	선한 사마리아인	신28:1~6, 골3:23~24, 빌2:3~4, 벧전4:10
	7. 하나님의 영광을 위해 하라 (고전10:31)	하나님 목적위해 사는 습관	스데반의 순교	잠9:10, 고전10:31, 잠3:1~4
	8. 상대적 빈곤감을 극복하라 (벧전3:3~4)	비교의식 버리는 습관	예수님의 산상설교	삼상16:7, 전1:2~3, 눅18:24~27
	9. 우리는 제품이 아니라 작품이다(창2:7)	자존감회복하기	점치는 여종을 고쳐준 바울	창1:27~28, 사41:10, 시121:1
	10. 현대의 영적 드라빔, 스마트폰 (창35:1~5)	스마트폰 길들이기1	놋뱀을 바라본 자들	창35:1~5, 창31:19
	11. 스마트폰 중독현상을 극복하라 (엡4:22~24)	스마트폰 길들이기2	발람 선지자 이야기	엡4:22~24, 약4:7 고전6:9~10
	12. 이단을 경계하라 (갈1:7)	이단 바로 알고 경계하기	루스드라에서의 전도	딛3:10, 갈1:7

기초과정 4권 성경인물 따라하기

단계	제목(주제말씀)	배울내용	그것이 알고싶다
0단계 4권	1. 가인과 아벨의 제사vs아나니아와 삽비라심판(창4:1~10, 행5:1~11)	온전한예배, 하나님께 정직함	한경직 목사님 이야기1
	2. 노아의 순종 vs 사도 요한의 인내(창6:1~8, 계 22:18~21)	순종과 인내	한경직 목사님 이야기2
	3. 욥의 시험 vs 예수님의 시험(욥 1:1, 마 4:1~11)	시험극복의 지혜	한경직 목사님 이야기3
	4. 아브라함의 믿음 vs 백부장의 믿음(창 12:1~4, 눅 7:1~11)	하나님께 맡기는 믿음	한경직 목사님 이야기4
	5. 야곱 vs 수로보니게 여인의 믿음(창 32:22~28, 마15:21~28)	포기하지 않는 믿음	언더우드 선교사 이야기1
	6. 요셉의 용서 vs 삭개오의 회개(창 45:1~5, 눅 19:1~10)	용서와 회개	언더우드 선교사 이야기2
	7. 모세 vs 야고보와 요한의 어머니(출 4:10~17, 마 20:20~28)	믿음의 리더십	언더우드 선교사 이야기3
	8. 여호수아의 믿음 vs 바울의 믿음(수 1:1~9, 행 13:44~52)	두려움 버리고 말씀의지하기	언더우드 선교사 이야기4
	9. 라합의 믿음 vs 과부의 두렙돈(수 2:1~11, 눅 21:1~4)	믿음과 온전한 정성	손양원 목사님 이야기1
	10. 다윗의 회개 vs 음행한 여인의 용서(시 51:1~12, 요 8:1~11)	회개의 방법	손양원 목사님 이야기2
	11. 엘리야의 믿음 vs 바울과 실라의 믿음(왕상18:36~40, 행16:25~34)	믿음은 기적을 일으킨다	손양원 목사님 이야기3
	12. 믿음의 좋은 습관에 길들여지자(눅22:39~41)	믿음의 습관	손양원 목사님 이야기4

리더과정 1권 (복음+전도) 친구야 기쁜소식을 전해줄께

단계	제목(주제말씀)	배울내용	12제자 살펴보기	핵심성경구절
12단계 1권 복음+전도	1. 나는 그리스도인인가?(행11:25~26)	그리스도인	사랑의 전달자 안드레	마4:17, 롬10:9, 막10:21
	2. 내게 가장 기쁜소식 (막1:1, 롬1:2)	복음1	관계전도의 대표주자 빌립	막1:1, 롬1:2
	3. 세상에서 가장 큰 능력 (롬1:16~17)	복음2	편견을 벗어버린 나다나엘	롬1:14~15, 행20:24
	4. 드러난 비밀? (롬16:25~26)	복음3	복음을 글로 기록한 마태	갈1:11~12, 막2:13~17
	5. 참된 복음과 거짓 복음(막16:15~16)	복음4	과격한 혁명가였던 시몬	고전9:14~17, 갈1:7~8
	6. 바리새인과 세리의 기도 (눅18:10~14)	복음과 율법과의 관계	작지만 작지 않은 제자 야고보	갈3:23~27, 눅18:10~14
	7. 복음을 전하는 것이 전도다!(요4:28~30)	전도1	사랑스러운 제자 다대오	골1:23~25, 요14:22~23
	8. 세상에서 가장 중요한 일 (요21:15~18)	전도2	예수님을 배반한 제자 가룟유다	행1:8, 마28:18~20
	9. 내 친구를 교회로 데려오자 (요1:45~46)	전도3	예수님의 수제자 베드로	요3:16, 눅19:10
	10. 전도자 빌립의 전도 (행8:26~40)	전도4	첫 번째 순교의 열매 야고보	막16:17~18, 막10:35~38
	11. 전도하는 것은 부끄러운 일이 아니야! (롬1:16)	전도5	사랑의 메신저로 변화된 요한	골4:3, 롬1:16, 요4:39 막5:19
	12. 친구야, 기쁜소식을 전하고 싶어(롬10:9~10)	전도6	의심 많았던 제자 도마	롬10:9~10, 요20:27~29

리더과정 2권 (양육+리더) 난 내교회 리더가 될꺼야

단계	제목(주제말씀)	배울내용	리더의 조건
3 4단계 양육+리더	1. 믿음으로 자라자 (엡4:14~15)	양육	리더 리더십이란 무엇인가?
	2. 섬기는 자가 되라 (요13:4~15)	섬김	예수님처럼 선한 목자가 되라
	3. 교회는 합력하는 공동체다(행18:1~5)	합력	그럼에도 불구하고 사랑하라
	4. 예수님을 본받으라~ (마28:18~20)	본받기	변화 받은 예수님의 제자의 삶 살펴보기
	5. 내 교회를 사랑하자 (마16:13~18)	교회사랑1	초대교회 생활 살펴보기
	6. 우리 교회 학생회를 사랑하자 (마16:18)	교회사랑2	우리 교회 학생회 살펴보기
	7. 끊임없이 용서하라 (몬:1:1~251)	용서1	시험을 극복하라(예수님의 세 가지 시험살펴보기)
	8. 요셉처럼 용서하라 (창45:1~8)	용서2	나를 부인하고 예수님을 따르라
	9. 여호수아처럼 순종의 사람이되라(수1:1~9)	순종	새롭게 바뀌어야 한다
	10. 히스기야 기도를 배우라 (왕하20:1~6)	기도	예수님의 좋은 일꾼이 되라
	11. 하나님이 주신 은사대로 일하라(행6:1~4)	은사	빛과 소금의 역할을 감당하라
	12. 적극적인 소명을 가지라(수14:6~14)	소명	하나님의 선한 청지기가 되라

성경 • 구약1 (천지창조~사사시대) 구약과 씨름하기

단계	제목(주제말씀)	배울내용	배울 내용
구약1	1. 하나님은 정말 계신가요?	준비운동1	하나님의 계시 된 말씀, 성경
	2. 성경은 우리에게 어떤 유익을 주나?	준비운동2	성경이 주는 유익, 성경의 핵심사항
	3. 성경 구성 파악하기	성경숲보기1	성경의 구성을 주제별로 분류
	4. 시대순으로 성경 살펴보기	성경숲보기2	성경을 시대순으로 이해하기
	5. 창세기의 핵심 파악하기	구약1	천지창조순서와 과정이해, 4가지 사건과 4명의 중요인물 이해
	6. 인간의 타락과 심판	구약2	인간의 죄와 하나님의 심판 이해하기
	7. 믿음의 조상 아브라함, 순종의 아들 이삭	구약3	아브라함과 이삭의 성품 이해하기
	8. 고난을 이겨낸 승리의 사람, 야곱과 요셉	구약4	야곱과 요셉의 고난과정을 알고 성품 이해하기
	9. 출애굽의 리더, 모세	구약5	모세를 알고 출애굽사건 이해하기
	10. 광야생활과 십계명	구약6	출애굽과정, 십계명 내용 이해하기
	11. 여호수아처럼 뛰어라	구약7	여호수아를 알고 가나안 정복과정 이해하기
	12. 12명의 사사와 룻기서	구약8	주요 사사들 알고 이해하기

성경 • 구약2 (통일왕국시대~포로 • 귀환시대) 구약과 씨름하기2

단계	제목(주제말씀)	배울내용	배울 내용
구약2	1. 킹메이커, '사무엘'	구약9	사사시대와 왕정시대 다리 역할을 했던 사무엘
	2. 하나님보다 왕이 더 필요해?	구약10	이스라엘 초대 사울왕에 대해
	3. 제사보다 순종이 낫다	구약11	사울왕의 불순종과 타락의 원인 이해하기
	4. 물맷돌 하나로, 싸장의 전설	구약12	다윗왕의 기름부음과 골리앗과 싸움에서 승리
	5. 간절히 회개한 다윗	구약13	범죄한 다윗이 간절한 회개로 용서받은 사건을 이해하기
	6. 하나님께 드린 통큰 제사 '일천번제'	구약14	솔로몬의 일천번제와 기도응답 받은 사건 이해하기
	7. 찬란하고 화려하도다	구약15	솔로몬시대의 화려한 시대상, 성전건축 이해
	8. 남유다, 북이스라엘로 나뉘다	구약16	이스라엘 분열의 원인 이해하기
	9. 총체적 교만과 불순종의 시대	구약17	분열왕국의 간략한 역사 이해하기
	10. 그래도, 하나님은 살아 역사하신다	구약18	분열왕국의 대선지자 엘리야와 엘리사 알기
	11. 멸망의 결정적 원인, 불순종	구약19	포로시대 전반적으로 이해하기
	12. 다시 희망을 품고 돌아오다	구약20	귀환시대 전반적으로 이해하기

정신일 목사

정신일 목사는 오랫동안 청소년과 청년 사역을 통해 젊은이들과 호흡해 온 목회자이다. 하나님이 주신 아름다운 감성으로 대학시절 집필한 〈메시아전쟁〉 이라는 단편이 일간스포츠에서 주관한 대중문학상에 입상한 바가 있고, 대학 졸업 후에는 영화 전문잡지 취재기자로, 기독교계통 신문의 칼럼리스트로 활동하기도 했다. 또한 대한예수교장로회(대신) 여름성경학교 집필위원으로 3년간 교재를 집필하기도 했다.
현재는 크리스천리더출판사와 다음세대이 리더를 세우는 모임인 크리스천리더의 대표이며 기쁨의 교회 (joy1.co.kr)를 개척하여 즐겁게 목회하는 개척교회 목사이기도 하다.
안양대학교 기독교 교육학을 전공하였고, 동 대학원에서 목회학(M. Div.) 성경학(Th.M)을 전공했다.

주요저서: 「예수님이 말씀하신 믿음」, 「여호수아처럼 뛰어라」, 「수험생 100일 큐티」, 「수능큐티」, 「복음큐티」, 「나를 위한 값진 십자가」, 「파워포인트와 그림 시청각설교 시리즈」 등 총 30여종의 저서가 있다.

[정신일 목사 주요 저서]

여호수아처럼 뛰어라

청소년공동체 바로세우기1

청소년공동체 바로세우기2

청소년공동체 바로세우기3

청소년공동체 바로세우기4

청소년공동체 바로세우기2-1

청소년공동체 바로세우기2-2

그참혹한 십자가

스토리텔링 파워포인트설교1

스토리텔링 파워포인트설교2

파워포인트와 그림시청각설교 시리즈 1~7

수험생 묵상기도

수능큐티

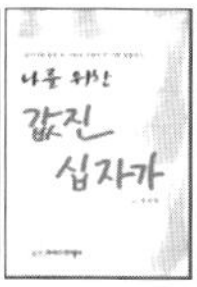

나를 위한 값진십자가

대학청년부예배 내표기도문